竹之内流 時間の使い方

能力は
時間の使い方によって
磨かれる

りらくる創業者
竹之内 教博
Yukihiro Takenouchi

青志社

プロローグ

仕事も、遊びも絶好調！

いつ、死んでもいい――。

僕・竹之内教博《ゆきひろ》は、いま本気でそう思っています。

いきなり、驚かせてすみません。でも、本当なのです。

今日死んでもいい。明日死んでもいい。

そういう心境なのです。

いや、誤解しないでください。何か悲しいことがあって、生きているのがつらくなったわけではありません。

人生に絶望したわけでもありません。

その逆です。

僕は今、毎日が充実しています。47年の人生で、最も充実しています。

というのも、仕事でもプライベートでも、やりたいことが全てできているからです。

言葉のあやで、「全て」と書いているのではありません。

文字通りの意味で、「全て」のことができているのです。

「あの件をやりたかったけどできなかった」

「あれが欲しいけど、手に入らなかった」

といったことが、一つも無い。本当に無いのです。

現在、僕は国内外で20社以上の会社を経営し、全て順調にいっています。年商は、全部足せばすでに100億円を超えています。

主宰するYouTube番組「竹之内社長の非常識な成功法則」も、約30万人がチャンネル登録をしてくれています。

また、チャンネル登録者数が１２０万人に迫る人気番組・「令和の虎」にも出演をしています。

プライベートでは、映画を週に何本も観ますし、本もたくさん読みます。ゲームもテレビも楽しんでいます。


つまり、仕事も遊びも絶好調なのです。

自分でも、ちょっとえげつないと思うぐらい、やりたいことをやり遂げているのです。

次から次へと、夢が叶えられている。

そんな毎日なのです。


だから、思うわけです。

「いつ、死んでもいい」と。

つまり、いま死んでしまっても、

「あれをやっておけばよかった」

と後悔することが、絶対に無い。

「やりたいことをやれた人生だった」

と言い切れる。

僕・竹之内教博は、そのぐらい有意義な、密度の濃い、楽しい人生を送っているのです。

僕は大学を中退し、美容師として社会に出ました。その後、31歳の時に、リラクゼーション会社の「りらくる」を創業。7年で、600店舗まで拡大させました。

そこで僕は、このりらくるの株を、外資系ファンドへ売却。270億円もの大金を手に入れ、40歳にして億万長者となったのです。

しかし！

僕は、店舗をぐんぐん伸ばしていった時よりも、270億円を手にした時よりも、今のほうが断然楽しいのです！

事業を拡大させていた頃は、忙しくてプライベートがおろそかになっていましたし、億万長者となった頃は、仕事のワクワク感がありませんでした。

会社が成功しても億万長者になっても、あまり幸福感は変わらなかったのです。

もちろん一時は楽しかったですし、満足感も充実感も味わえました。だけど、長く続かないのです。

またすぐに、忙しさや慌ただしさを感じたり、ワクワク感が失せてきたりするのです。

プライベートでも、やりたいことが満足にやれていませんでした。

でも、今は違います。仕事もプライベートも充実していて、24時間、楽しいことが続いている感覚です。色んなタイプの楽しさが、次々とやってくる感覚なのです。

「どうして竹之内は、そんな充実した日々を過ごすことができるのか?」

読者のみなさんは、疑問に思われたことでしょう。

実は——秘訣があるのです。

それは、時間の使い方です。僕は、体験から得た独自の時間術を実行しています。

そのおかげで、仕事もプライベートも順調になり、一気に人生が濃くなったのです。

しかも、僕が編んだ時間の使い方は、超簡単です。誰にでもできるやり方です。

何かを我慢したり、早起きしたりは必要なし。ゲームもやりたい放題だし、テレビも映画も見放題。その過程も楽しみながら、夢が叶っていく——そんな優れモノの時間術なのです。

そう言うと、

「なに？　ゲームをやりたい放題？　テレビも見放題？　そんなウマい話があるのか？」

と、思われた方もいるでしょう。

でも本当なのです。**「無駄な時間」を削ったりはせず、やりたいことをやりながら、夢を叶える。そういう方法がある**のです。


ネタバレになりますが、ここで、基本のところだけ紹介しましょう。

「やりたいことを、全て、スケジュールに入れていく」――だけです。

たったそれだけのことで、夢を叶えられるのです。

ちょっと信じられないかもしれませんが、本当なのです。

あなたの夢をサポートできる僕が思考した〝時間の使い方〟について是非、本書を読んでみてください！


本書で明かした時間術を使えば、誰でも僕のように、やりたいことが全てやれます。夢が叶います。

ビジネスマンや経営者、主婦の方や学生の方……老若男女、誰にでも役立つ時間の使い方がここにあります。

竹之内流時間の使い方が、読者のみなさんのお役に立てるよう、心から願っております。

竹之内流時間の使い方
能力は時間の使い方によって磨かれる

目次

プロローグ

第1章　次々と夢を叶えている

第2章 多くの時間術に失敗した僕の反省

第3章　願望タスクをリレーでつなぐ

第4章　使える時間術とダメな時間術

第5章 スケジュール管理の成功の先に見えるもの

ブックデザイン：塚田男女雄

第1章

次々と夢を叶えている

世界のシャネルから契約のオファーが来た！

僕は今、毎日が楽しくて仕方ありません。

どんどん夢が実現していく。

やりたいことが全部やれている。

46年間生きてきて、楽しい時期はたくさんありました。夢が叶ったことも、何度もあります。

でも、**現在のように、毎日楽しいことだらけ、という時期はありませんでした。何か夢が実現しても、次の夢はなかなか叶わない……それの繰り返しでした。**


けれど、今は違います。

昨日も、今日も、明日も楽しい。おそらく明後日も楽しい。

夢が一つ叶ったら、その次の夢も実現する。

そんな毎日なのです。

「人生とは、こんなにも素晴らしいものなのか……」

思わずそうつぶやいてしまうぐらい、日々が充実しているのです。

僕がどれだけ充実した日々を過ごしているか。まず仕事の面から、具体的な例を挙げていきましょう。

僕は今、経営者として、国内外で20社以上の会社を経営しています。

売り上げに濃淡はありますが、うまくいっていない会社はゼロ。どれも、順調にいっています。

国外では、韓国で食パン専門店を展開しています。「ホワイトリエ」という名の、いわゆる**高級食パン**です。

僕が携わっている事業の中で、現時点では最も成功しているビジネスです。

3年ちょっと前から始めたのですが、現在、40店舗まで伸びてきています。このままいきますと、来年末には100店舗に達する予定です。

この高級食パン店は、フランチャイズでやっています。で、加盟する店が、あと60件決まっているわけです。

一店目をオープンしたとき、月の売り上げは400万円ぐらいでした。今、同じお店が月に1000万円ほど売り上げます。最近できた店舗の中には、初月期から2000万円もの売り上げを、達成するところもあります。

平均すれば、各店舗でだいたい1000万円の売り上げです。全部で40店舗ありますから、40×1000万円で、毎月4億円の売り上げを、この高級食パン店は出しているのです。

フランチャイズオーナーを募集すれば、一回につき400人は集まります。というか、募集しなくても、フランチャイズになりたい人が、毎日のようにやってきます。

中には現金を500万円ぐらい持参して、「優先的にやらせてください」と頼んでくる方もいらっしゃいます。順番がありますから、残念ながらお断りしていますが、まあ、そのぐらい大盛況なわけです。

なにしろ〝高級〟食パンですから、肝心なのは味ですが、こちらもありがたいことに好評です。

「高級食パンの中で一番おいしい」

とのご意見をいただいていますし、新店舗がオープンすると、毎度、50mぐらいの行列ができます。行列のできるラーメン屋ならぬ、行列のできる食パン屋、ということです。

その味と高級感のせいか、うれしいアダ名も3つほど、頂戴しています。

そのアダ名とは、

「食パン界のシャネル」

「食パン界のエルメス」

「食パン界のロレックス」

というものです。いや、うれしいのですが、ちょっと面映《おもは》ゆくもあります。

しかも**昨年、信じられないことが起きました。何と、本家本元のパリのシャネルが、「名前を使ってよいので、ウチと契約しないか」**

と、持ち掛けてきたのです。

「〝食パン界のシャネル〟と、堂々と言ってくれてかまいませんよ」

というわけです。

目先にとらわれずメリット、デメリットを常に考える

……夢のような話です。創業3年ちょいにすぎないパン屋が、天下のシャネルとコラボレーションできるなんて。

シャネルと組む。そうなれば、会社の格もブランドイメージも、一気に高まること請け合いです。個人的にも、事業家冥利に尽きるビジネスです。

しかし、**僕はこのお話を、丁重にお断りしました。**

「なぜ、そんなもったいないことを——」

よく、そう言われます。当然わく疑問でしょう。

でも、僕は経営者です。経営者とは、事業のメリット、デメリットを考えます。リスクも検討します。

シャネルのお話をいただいたとき、僕は大きなメリットを感じつつ、リスクもあると感じました。

「食パンは飲食業。食べ物だから、万が一、何か問題が起こった時に、シャネルから高額な損害賠償を請求される恐れがある」と。

ということで、シャネルとの契約は断って、実現しませんでした。

ですが、世界の高級ブランドから話が来るぐらい、わが高級食パン「ホワイトリエ」は、評価されているということです。

来年、１００店舗になることはお話ししましたが、再来年には２００店舗まで伸ばす計画です。

そうなると、グループ全体で、１００億円から１５０億円の企業価値が出てくるでしょう。

任せることで生まれた主力事業

この高級食パン店は、もちろん僕がオーナーです。けれども、細かいところは、キムさんという韓国人の方に任せています。

僕も韓国へ行くことは行きますが、基本はラインでの連絡です。キムさんが、安心して任せられる存在だからです。

「任せる」ことの重要性は、第5章であらためて説明します。

僕の仕事がいかに充実しているか、海外の例から紹介しました。続いて、国内の例を紹介しましょう。

どれからいきましょうか……なにせ僕は国内だけでも、20以上の事業を手掛けています。職種も一つ、二つの業界にとどまらず、多種多様です。なので、ちょっと迷います。

……では、まず店舗の多いところから始めましょう。**一番手広くやっているのは、**脱毛専門店といいますか、**脱毛サロン**です。

セルフ脱毛のお店ですが、いま全国で、30店舗近く展開しています。これはどちらかというと、都市部よりも地方を中心にやっています。各都道府県、バランスよく店舗をかまえているということです。

美容系、エステ系というくくりでは、脱毛以外にマツエクのサロン、まゆげのサロン、アイブローのサロンを展開し、ホワイトニングの事業もやっています。ホワイトニングとは、歯を白くすることです。

あ、美容系といえば、重要なのを忘れていました。**ウィッグ販売事業**です。

僕自身、ウィッグの愛用者であることは、ご存じの方も多いかもしれません。詳しいことは、前著『竹之内の失敗』の、表紙をご参照ください。

それはさておき、「脱毛サロン」と「ウィッグ事業」を同時に運営できるというのは、経営の醍醐味です。

店舗ビジネスのカテゴリーでいえば、他にも**キャバクラを5店**、経営しています。

さらには**マッサージ、踊るほうのクラブ、タピオカミルクティーの店舗**があります。

マッサージに関しては、セラピストとお客様をつなぐアプリも販売しています。

アプリ関連では、マニュアルをクラウドで管理するアプリも好調です。これは月々３万円のサブスク（サブスクリプション。定額料金を支払うことで一定期間、商品やサービスを利用できる仕組み。つまり定期購読や会費のようなもの）ですが、５００件以上も取得しています。

ネット方面でいいますと、**公式ラインの作成や、ＥＣ販売事業も展開**しています。ＥＣ販売とは要するに、化粧品などの商品を、アマゾンや楽天で販売する会社です。

その他、「わさびスプレー」という、お肉を腐敗させないためのスプレーの開発と販売や、経営コンサルティング事業、Ｍ＆Ａの仲介業も手掛けています。

異色（？）の事業では、教育関連の仕事もしています。具体的にはユダヤ教育の合宿です。沖縄などでおこなっていますが、これは僕の中で、重要な位置を占めている事業です。２泊３日、１回20名限定の合宿なのですが、毎回定員をオーバーし、25名ぐらいの方が参加してきます。

そこでは**成功するのに必要な四要素、すなわちコミュニケーション能力、問題解決能力、リーダーシップ力、お金のためのプレゼンテーション能力について、徹底的に学びます。**

これらの要素はどうしても、対面でなければ学ぶのが難しい。書物や動画では、限界があります。ですから合宿を開催し、直接向き合って学ぶわけです。

参加費は、一人55万円です。それだけ見れば、「高い」と思われてしまうかもしれません。しかし、元をとってあまりあるほど、内容の濃い合宿です。もう断言できます。

実際、合宿後にプレゼン能力が飛躍的に伸び、俄然、高額契約を次々と実現した……といった成功例が、いくつもあります。このユダヤ教育の合宿については、最後に詳述したいと思います。

他にもアパレルやハウスクリーニング、お菓子のタルトやゴーストレストラン（ウーバーイーツのような、店舗無しの飲食店）などを手掛け、どれも利益をあげています。幸いなことに、危ない会社は一つもありません。

さらには、YouTubeのチャンネルも好調です。

僕が開設したメインのチャンネル「竹之内社長の波乱万丈」は、登録者数が約30万人です。総再生回数は、1億を超えています。

チャンネル登録者数が120万人近い人気チャンネル「令和の虎」にも、虎として出演していきます。「虎」とは志願者のプレゼンテーションを聞いて、納得すれば資金を出す、という投資家のような立場です。僕は3年ぐらい前から、この虎を務めています。

つまり僕は、飲食から教育まで、あるいは店舗ビジネスからアプリまで、はたまた脱毛からウィッグまで、様々な事業を展開し、成功させているのです。

おまけにネット番組も当てて、人気番組にも出演している。

自分でいうのもナンですが、僕ほど、多方面に渡ってビジネスを展開し、成功させている経営者は、あまりいないと思います。

ワクワク感が無くなったら、リセットする

２０１７年末、40歳の時、僕は２７０億円という巨額の現金を手に入れました。

僕は大学を中退した後、まず美容師になり、やがて複数店舗を任せられるようになりました。さらには数十社に及ぶ、美容室へのコンサルティング業務も経験。若くして、かなりの経験値を積んだのです。

そして31歳の時、「全身もみほぐし　60分　２９８０円」の看板を掲げ、「りらくる」と

いうリラクゼーション会社を創業しました。リラクゼーション業を始めたのは、僕自身、よく利用していたからです。

少ない資金で始めたにもかかわらず、わが「りらくる」は快進撃を続けました。何と、わずか７年で、直営店を全国６００店舗にまで拡大したのです。

大成功を収めた僕は、**この「りらくる」の株の９割を、二度に渡って外資系ファンドに譲渡しました。**

というわけで、２７０億円もの大金を、手にしたのです。

ちなみにこの「りらくる」の株は、今でも10％所有しています。

「りらくる」の株の大半を売り、大金持ちとなった僕。

しばらくは休みたい、と思い、ゴルフや麻雀に明け暮れました。仕事といえば、「りらくる」の会長職として出席する、経営会議だけです。

しかし、遊んで暮らしているというのに、全然楽しくありませんでした。おいしいものを食べたり、高級車を買ったりしても、心が躍らないのです。

何というか、ワクワクしない。

「りらくる」を立ち上げ、大きくしていった頃は、毎日のようにワクワクしていました。

生きているだけでワクワクする、そんな感じでした。

それが、大金を手に入れ、悠々自適の生活に入った途端、ワクワクしなくなってしまったのです。

やはり、「挑戦」と「成長」がないとワクワクしない。

失敗してもいいから、またワクワクしたい。

そう思った僕は、再び、経営の世界に戻りました。

ビジネスとプライベートをやりきっている

そして、また一から事業を始め、20以上の事業を展開することで、再びワクワクするようになった――ということです。

現在、全ての事業を合わせると、100億円以上の年商があります。

この調子でいけば、**2年後には、たぶん200億円を突破すると**思います。

６年半前、２７０億円の大金を手にした僕。
今度もまた、２００億円以上の大金を、手に入れようとしているわけです。

国内外で20社以上の会社を経営。おまけに合宿まで開催しているとなると、「竹之内って、一日中働いてるんじゃないか？　寝るヒマあるのか？　いくら事業に成功して大金持っていても、仕事ばかりじゃ楽しくないんじゃないか？」
と、思う方もいるかもしれません。

でも、ご安心を。
これだけたくさんの会社を経営していても、僕は別に忙しくないのです。
もちろん、たまには忙しい時もあります。
時間が無い、と思うこともあります。
だけど、「たまに」です。
「たまに」しか、忙しいと思わないのです。
プライベートを切り詰めることも、一切、していません。

それどころか、プライベートの時間も謳歌しています。僕ほど、いろいろ趣味を楽しんでいる人も、珍しいと思います。

例えば、僕は映画が好きですが、現在、週に何本もの映画を観ています。「水曜日のダウンタウン」といったテレビ番組も大好きで、録画して欠かさず観ています。また、スマホのゲームもやりますし、本もよく読みます。

僕は、プライベートの面でも、やりたいことをやりきっているのです。

タスクの達人になろう

僕は今、だいたい月に20個ぐらい、タスク（自分がやりたいこと、やるべきこと）を実現しています。

この場合の「タスク」とは、何も仕事に限ったことではありません。

先ほど述べた映画を観る、テレビを観る、スマホゲームをやる、読書をする……といったことも「タスク」です。

旅行に行く、ゴルフに行く、友達と飲みに行く……これらもまた「タスク」です。

むろん、ビジネスのタスクもあります。

例えば、会議に備えて書類をつくっておく、取引先に連絡する、店舗の責任者にメールやラインを送る……といった通常のタスクです。

他に、例えば業務や業界のことを勉強する、新規事業開拓のための調査をする、語学を学ぶ、契約について学習する……といったスキルアップのための独習や、将来のための勉強も、「タスク」に入ります。

要は、ビジネスとプライベートの分け隔てなく、月に20個ものタスクを実現しているのです。

ちょっと大げさに言えば、毎月20個もの夢を、達成しているような感覚です。

それも、スポーツカーで飛ばしているような、猛スピードで達成している感覚なのです。

これまで書いたことを、簡単にまとめてみましょう。

- 僕は今、国内外で20社以上の会社を経営し、年商100億以上のビジネスをしているが、特に忙しいと感じない。
- プライベートも楽しんでいるし、何かを切り詰めることもしていない。
- そのうえ、毎月20前後のタスクを、物凄いスピードで実現している。

……これが、僕・竹之内教博の、現在の姿です。ウソ偽りは一切ありません。

「忙しい」と言っている人は頭の中が「忙しい」だけ

ここで、特徴的なのは、僕が「忙しい」と感じていないところだと思います。

仕事もプライベートも充実していて、次々と夢を実現させている。

こういう方は、それなりにいらっしゃると思います。どんなジャンルの職業でも、トップクラスにいる方々は、そうだと思います。

でも、そういう方々も、「忙しい」とは感じているのではないでしょうか。

「仕事もプライベートもうまくいっていて、夢もどんどん達成している。毎日が楽しい。でも忙しい。できればもう少し、ゆとりがほしい」

と、考えている方が多いと思います。たとえ、順風満帆であろうとも。

しかし、**僕はこれだけやりたいことをやっていて、時間を食う趣味も楽しんでいるのに、「忙しい」とは感じていないのです。**なぜなのでしょう?

なぜ、僕だけ——敢えて「だけ」と書きます——が、やりたいことをやりまくっているのに、忙しくないのでしょう?

その秘密を解き明かす前に、**「忙しい」とはどういうことか、あらためて考えてみます。**

人はよく、「忙しい、忙しい」と言います。それが、口癖になっている人も、よく見かけます。でも、本当に忙しいのでしょうか?

会社員の方が自分の時間が無い、プライベートの時間が少ない、と嘆くのはわかります。

なにしろ勤め人の方は、基本的に、朝から晩まで拘束されているわけです。時間をつくろうにもつくれない、ということはあるでしょう。

ところが、経営者の方や自営業の方でも、「忙しい」を連呼する方が多い。

僕もまた経営者で、20以上の事業を手掛けているのに、忙しいとは感じない。

なぜ、違いが出るだろう?

そう思った僕は、忙しい、と口にする方々に、スケジュールを聞いてみました。

それらを見ると、別に忙しくないのです。

少なくとも、僕から見れば。

例えば、次のようなスケジュールが入っている場合、たいていの人は「忙しい」と感じるようです。


午後は3時から、1時間程度の会議がある。その後、5時から1時間ぐらい、人と会う予定がある。夜は7時から、取引先との会食がある。


……どうでしょう? 「忙しい」**「午後は時間がない」「3時から、ぎっしり予定が詰まっている」と感じる方が、多いのでは**ないでしょうか。

しかし、僕に言わせれば、こんなのは忙しいうちに入りません。いくらでも隙はある、と思ってしまいます。

紹介してきたように、僕は多くの仕事、タスクを抱えています。僕より多く抱えている人は、非常に少ないと思います。

それでも僕は、特に忙しくないのです。

この差は何なのか？

結局、**「忙しい」と言っている方々は、頭の中が「忙しい」だけなのです。**

先に挙げたスケジュール例を、もう一度、よく見てみてください。

どうでしょう？　空いている時間が、たっぷりあるとは思いませんか？

会議は午後3時から4時までで終わります。つまり、次の予定である5時までの間に、1時間も空いている。5時から6時まで人と会っても、次の会食は7時から。これまた、1時間空いているわけです。

空き時間が1時間あれば、かなりのことができます。そんな美味しい「1時間枠」が、2つもあるのです。

だから、僕の目から見れば、このスケジュールは「忙しい」どころか、「余裕のあるスケジュール」。

「夕方から夜にかけて2時間も空いてるから、時間をとりそうなタスクをここでやっておこう」と考えるレベルです。

ところが多くの人は、午後3時、5時、7時とスケジュールが入っていると、その間に隙間時間があっても、新たに用事を入れることはしないようです。

そういう人に、

「この時間空いているけど、何で日程をいれないの？」

と聞くと、決まってこういいます。

「次の予定までの間、何となくバタバタしてそうだから、新しく何かを入れたくない」

要するに、大した理由は無いのです。単に、スケジュールを詰めたくないだけなのです。

なぜ、そうなってしまうのか。

それは、頭の中が忙しいからです。

あれをやらなきゃいけない、これもやらければならない。やらなければならないこと、や

りたいことが、整理されずに頭の中で浮かんでいる。

だから、本当は忙しくないのに、「忙しい」と感じてしまうのです。

で、空いた1時間にやっておけば終わったはずの仕事やタスクを、先送りしていく。

そうすると、また新たに、終わっていない仕事やタスクが溜まり、頭の中はさらに乱雑に、忙しくなっていく……もう、負のスパイラルです。

タスクの使い方で勝負は決まる

僕の場合、「忙しい」とは、体を動かす暇が無い状態、のみを指します。

「頭の中が忙しい」というのは、「忙しい」のうちに入れていません。

そもそも、僕の辞書には、「頭の中が忙しい」などという文字も定義もないのです。

僕にとって「忙しいスケジュール」とは、例えば午後2時から、1時間ぐらいかかりそうな会議が入っている。間を置かず、3時から1時間程度、お客様と会う。その後、4時から取引先と会う……というような日程を指します。

つまり、隙間時間がほぼ無い。なおかつ、先送りできない。しかも絶対に守らなければならない約束が詰まっている。

以上のようなスケジュールの時だけ、

「今日はちょっと、忙しいな」

と感じます。そういう時を除けば、特に忙しくありません。

国内外で20社以上の会社を経営して、月に20もタスクをこなしても、別に忙しくないのです。


さらにいえば、**僕はレスポンスが極めて早い**です。

僕も色んな事業をやっていますから、付き合う人も様々です。

率直に言いまして、レスポンスの早い人ばかりではありません。中には遅い人もいます。

朝一番で送ったメールを、夕方に返してくる人。場合によっては、翌日に返信してくる人。

レスポンスをすることを、忘れている人もよく見かけます。

「あの、失礼ですが、先日送ったメールの件、どうなりました?」

「……はい?　メールですか?　あ、ああ、そういえば……申し訳ございません、失念しておりました。大変失礼致しました」

……なんていうやりとりも、見たり聞いたりします。

僕もミスをする人間です。

これまでも、たくさんの失敗をしてきました。

しかし、この種の連絡ミスとは無縁です。レスポンスを忘れるなどということは、絶対にありません。大幅に遅くなることも、まずありません。

僕と一緒に仕事をした方や、取引したことのある方は、みなさん一様に、

「竹之内はレスポンスが早い」

と、おっしゃってくださっています。本当です。

とはいえ、僕も人間です。記憶にはないですが、返信や連絡を、忘れてしまったこともあるかもしれません。

でも、忘れたことがあったとしても、それはよっぽどメリットが無く、義理も無い、ありていにいえば「忘れてもいい」たぐいのもののはずです。それ以外のレスポンスは、必ずスピーディーに、そして着実にやっていると断言できます。

レスポンスが早い。

これは、信頼されることにつながります。

だって考えてもみてください。同じメールを送った場合、すぐに返してくれる人と、翌日に返信してくる人。

どちらをより信頼できるでしょうか？　どちらと取引したいでしょうか？　言うまでもありません。

また、**レスポンスが早いと、自然、ビジネスも早く進みます。**

ビジネスを早く進めれば、より多くのビジネスに取り組むことができ、新たなビジネスへの可能性をも拓きます。

僕のケースでたとえてみましょう。

韓国の食パン屋のタスクが早く進めば、マッサージ店のタスクに早く取り組める。すると、少し先になるだろうと見ていた脱毛サロンのタスクに、予定より早く取り組める……こんな調子で、仕事がより早く、効率的に回るようになるわけです。

……いかがでしょう？

ここまで紹介してきた、僕・竹之内教博の現在は。

国内外で20社以上の会社を経営し、１００億円以上のお金を動かしている。もうしばらく経つと、２００億円に達する。

しかも、忙しいとは感じていない。プライベートも充実していて、たくさんの趣味を楽しんでいる。

映画もテレビも好きなだけ観て、ゲームもしたいだけしている。

やりたくてもやれないことが無く、毎月20前後の夢やタスクを、次々とやり遂げている。

おまけにレスポンスが早く、顧客や取引先から信頼されている――。

自分でも、ちょっとえげつないと思うぐらい、僕は有意義で、濃密な人生を送っているのです。

だから、もう、毎日が楽しくてしょうがありません。なにしろ、やりたいことを、思い通りに実現しているのですから。

冒頭に書いた、

「いつ、死んでもいい」

というセリフは、心からの実感なのです。

まるで、ドラゴンクエストをやっているようだ——。

僕は今、そんな感覚を持っています。**自分の人生が、ドラクエをプレイしているようだと感じている**のです。

少しの装備品を身につけて、冒険に出る。最初は丸腰に近い状態だったのが、銅の剣、鋼の剣とグレードアップしていく。

課題やイベントが続けざまにやってくる。それらをクリアすることで、物語が進んでいく。

ゲームの進行と共に、自分自身もレベルアップしていく。何より、プレイすること自体が楽しい。

読者のみなさんも、ドラクエをプレイしたことがあるでしょう？　あの気分、あの面白さ、あの満足感です。

僕・竹之内教博は、ドラクエをプレイしているような感覚で、毎日、24時間を、楽しんでいるのです。

ちょっと、正直に書き過ぎたかもしれません。僕の人生が、いかに充実しているかを。

ここまで正直に書いてしまうと、

「自慢ばっかりして、イヤミなやつだ」

「人生をドラクエにたとえるなんて、竹之内は、自分が特別な存在だと勘違いしてるんじゃないか」

という声が聞こえてきそうです。

でも、誤解しないでください。

僕は、自分が特別な存在だなんて思っていません。

もちろん、長年会社を経営していますから、人より経験値が豊富だとは思います。事業に関するノウハウも、人並み以上にはあるでしょう。

ですが、天才だとか、怪物だとか、その種の物凄い人物ではありません。何か、特別な能力を持っているわけでもありません。いたって普通の人間です。

しかし――そう、「しかし」です。

そんな、普通の人間である僕でも、こんなドラクエみたいな人生を、歩むことができるのです。

僕でもできるということは、読者のみなさんにも、できるということです。

読者のみなさんも、僕のように、ドラクエみたいな楽しく、充実した人生を、歩むことができるのです。

どうすれば？　どうすれば、そんなことができるのか？

……実は、秘訣があるのです。

20社以上の会社を経営しても、映画を週に何本も観ても、ゲームを好きなだけやっても、タスクを月に20前後こなしても、**忙しいと感じず、レスポンスが早くなる秘訣が。**

それは、僕が編み出した、時間の使い方です。

時間術。よく耳にする言葉です。実際、巷には、様々な時間術があふれています。

でも、竹之内流時間の使い方は、凡百の時間術とは違います。根本的に違います。

この時間術を使えば、読者のみなさんの人生も、ドラクエのように楽しくなります。

しかも、僕が考案したやり方は、誰にでも使えます。

老若男女、経営者、自営業者、サラリーマン、公務員、学生……どんな立場の人にも通用する、有益な方法です。

おまけに簡単。
まさに、シンプル・イズ・ベストのやり方だと、自負しています。
そんな方法があるのか？
あるのです！
では、その魔法のような竹之内流時間の使い方を次章で紹介しましょう。

第2章

多くの時間術に失敗した僕の反省

不器用な人間でもできてしまう時間の使い方

竹之内流の時間術を紹介する前に、申し上げておきたいことがあります。

それは、僕・竹之内教博が、かなりズボラな性格であるということです。

学生時代からそうでした。

テストの勉強も、直前になって慌ててやっていましたし、夏休みの宿題も、最後にまとめて片付けていました。

三つ子の魂百までで、今でもほっといたら、オセロとか、麻雀とかのゲームをやっています。テレビやYouTubeの番組を、ダラダラ見るのも大好きです。

とにかく働きたくない。

働くのが、しんどい。

こう言うと、みなさん意外に思うようです。20社以上も会社を経営している人間が、まさか「働きたくない」なんて、と。

でも、本当なのです。僕は働くのが、好きではないのです。

だから、仕事上のタスクも、やるのはだいたい直前になってしまいます。余裕をもって早いうちからやっておく、なんていうことは滅多にありません。

そのうえ、何か一つのことをやり始めたら、それしかやりたくない性格です。

例えば、オセロをやり始めたら、オセロばっかりずっとやっている、そういうタイプです。

麻雀なら麻雀、ドラクエならドラクエ。一つのことだけを、やり続けていたいのです。

だから、たくさんのことを同時並行でやっていく、なんていうのは、一番苦手でした。

いや、今だって、得意とは言えません。

あまり器用な人間ではないのです。

さらにいえば、**僕は、これまで多くの時間術に挑戦し、全て失敗した人間です。**

目標を立てるだの、そこから逆算して計画するだの、目標や過去の日程を書き出すだの、優先順位をつけるだの、もう、もろもろの時間術を試し、そして失敗してきました。少しやってみて、すぐ嫌気がさしたり、面倒になってきたり、忘れてしまったりしてきたのです。

色んな本を読みましたが、どれも、実践できずに終わる。そんなことの繰り返しでした。

何を言いたいかというと、僕がこれから紹介する時間術は、そんな僕にでもできる、簡単な方法だ、ということです。

つまり、勤勉さ、精神力、ストイックさなど必要ない。

僕のようなズボラで、仕事熱心なわけでもない、不器用な人間でも、簡単にできてしまう。

そういう時間の使い方なのです。

そもそも、ビジネスにおけるスケジュール管理というのは、本質的に誰でもできるものだと思います。

僕は経営者ですが、経営とは、様々な能力を必要とするものです。

その中で、スケジュール管理の能力というのは、何番目ぐらいに重要か？

僕は、だいぶ下のほうにくるものだと考えます。

例えば、人事の能力が無ければ、経営は絶対にできません。また、リーダーシップが無ければ、経営者にはなれません。

しかも、いずれの能力も、一朝一夕では身につきません。

中には生まれつき、リーダーシップを備えた方もいます。でも、**多くの経営者は、試行錯誤や経験を重ね、リーダーシップを体得していく**ものです。


そうした必須で、獲得するのも難しい能力と違って、スケジュール管理の能力は、誰でも自然に身につくものです。

どんないい加減な人間でも、取引先とのアポを二回連続で忘れたら、さすがに注意するでしょう。で、手帳に書き込むなり、カレンダーを使うなりして、対策をとるはずです。

そのうち、何となく、自分流のやり方ができてくるものです。

つまり、優れたものかどうかは別にして、スケジュールを管理すること自体は、誰にもできるものなのです。


ところが、**通常のスケジュール管理術には、〝欠点〟があります。**

それは、自分が個人的にやりたいことが後回しになってしまう、という点です。

例えば、読者の方が、趣味と実益を兼ねて「英語を勉強したい」と考えているとしましょう。

普通の**スケジュール管理術**だと、まずビジネスや、相手のいる用件を記入します。

そのうえで、空いた時間に英語を勉強する、ということになります。

でも、**「空いた時間」とは、不安定なもの**です。追加で仕事の予定が入るかもしれませんし、友人から飲みに誘われるかもしれない。ついスマホゲームをやってしまうかもしれない。で、結局、思うように英語を勉強する時間がとれなくなる。

そういう方が、少なくないのではないでしょうか。

ビジネス等、絶対外せない用事のことは管理できても、自分のやりたいことは先送りになる。

それが、一般的なスケジュール管理術の難点だと思います。

一度っきりの人生、いまのままでいいのですか

しかし、考えてもみてください。

自分が個人的に英語を学びたい。この願望は、簡単に後回しにしてよいことなのでしょうか？

「自分の人生」という観点で見れば、超重要なことなのではないでしょうか。

敢えていえば、ビジネスの約束以上に、重要なことだとさえいえるのではないでしょうか。

人生は一度きりなのです。その、たった一度のかけがえのない人生において、自分の本当にやりたいことを先送りしてしまう。

それで、よいのでしょうか？

僕は、絶対にイヤです。

もちろん、仕事や約束をおろそかにはしませんが、かといって、自分のやりたいことを犠牲にしたくない。

死ぬ時に、

「あれをやっておけばよかった」

「時間があれば、あれもやってみたかった」

なんて後悔したくない。

一回きりの人生を、存分に楽しみたい。

僕はそう考えています。


さて、いよいよ、**僕が編み出した**時間の使い方を紹介します。

これは、ちょっとえげつない、がめつい、強欲なものかもしれません。

というのは、仕事のスケジュール管理を完璧にして、なおかつ個人的な願望をも実現させてしまうという、**欲張りな時間術**だからです。

王も飛車も盗ってしまう。ついでに角も盗ってしまう。

そんなイメージです。

なにしろ僕自身、個人的な願望を大事にしたい人間だというのは、述べた通りです。

だから、竹之内流の時間術は、仕事もプライベートも網羅した、オールラウンドなものになっています。

大谷選手とイチロー選手を足して2で割ったようなもの……と言ったら、言いすぎでしょうか?

……では、前置きはこれぐらいにして。

竹之内流時間の使い方を、解説していきます。

まずやりたいことを全て、スケジュールに入れてみる

突然ですが、読者のみなさんは、この本を読むことを、スケジュールに入れているでしょうか？

おそらく、ほとんどの方が、入れていないと思います。

それが当たり前です。**読書なんていうのは、**「日程」や「予定」ではありません。「仕事」でもありません。単なるプライベートの行為です。

だから、**「スケジュールに入れる」という発想すら無い**のが当然です。

でも、スケジュールに入れないと、どうなるでしょう？

「竹之内の本を買ったから、近いうちに読まないと」

との意識が、頭の中に残るわけです。

仕事でも、「一か月以内にやっといて」と言われた場合、スケジュール帳に書かない人

がいます。「だいぶ先だからいいや」というわけです。

この場合も、頭の中に、

「近いうちにアレやらなきゃ」

という意識が残ります。

こういう頭の中に残る意識が、1つ、2つ程度なら、問題ないかもしれません。

しかし、3つ、4つと増えていったらどうでしょう？

急に忙しさを感じるようになり、

「いま忙しいから無理」

「時間が欲しい」

などと頭の中が混乱してくるのではないでしょうか。

第一章で触れた、「頭の中が忙しい」とは、こういう状態を指します。これがダメなのです。

僕の場合、本を買ったのであれば、

「本を読む」

ということをスケジュールに入れます。

そういう個人的にやりたいことも、全て、スケジュールに入れるのです。

映画を観る、録画したテレビ番組を観る、英語を習う、ある業界について調べる……こうした目先の仕事と直接関係ないことも、全てタスクとして、スケジュール帳に書き込みます。

予定、約束ばかりでなく、個人的にやりたいことも、将来への布石のようなものも、ことごとくスケジュールに入れていく。

これが、竹之内流時間術の秘訣です。

僕はスケジュールを、**レフィルズというスマホアプリで管理**しています。

なぜ、これを使っているかというと、一か月分のカレンダーが、一つの画面におさまっているからです。しかも、例えば「会議」「顧客とのアポ」というふうに、点や記号ではなく、文字で内容が表示されます。

要するに、一か月分のスケジュールが、パッと見ただけでわかるわけです。

文字も色分けできますし、ボタン一つで、一日、一週間のカレンダーに切り替えることもできる。使いやすさは人それぞれでしょうが、僕はこのレフィルズというアプリが良いと思います。

タスクを二つの色で分けるだけでOK

僕の場合、スケジュールに入れた全てのタスクは、二つの色で分類しています。

日時が決まっている、絶対外せない日程は、**緑色**。

日時の決まっていないもの、つまり緊急ではないものや期限のないものは、**紫色**。

終わったタスクは青色に変えたり消したりします。

先に示した例でいえば、「本を読む」とは期限のないもの。だから、例えば二日後の夜9時とかに、**紫**の字で「読書する」と記入する。

こうすれば、読書を忘れることもないうえに、頭の中が混乱しません。

そして何より、スケジュール帳に書くことは、書かない場合と比べて、大きな違いが出てくるのです。

それは、**「頭が空く」ということ**です。

スケジュールに入れず、何となく「やらなきゃ」と思っていると、頭の中がスッキリしません。

常に何かが置かれている、という意識になってしまいます。

しかし、スケジュール帳に入れれば、頭を空にすることができます。

つまり、**タスクをスケジュール帳に書くことは、「その日が来るまで、そのことは一切考えなくてもいい」というサイン**なのです。

何かのタスクを一週間後に入れたとしましょう。すると僕は、その日が来るまでの6日間、そのタスクについて思い出さないようにしています。たまに、ふと思い出すこともありますが、それっきりですぐ忘れます。

このように、一度スケジュールに入れたタスクは考えないようにしておけば、頭の中が空くことになります。

そうなると、他の色々なことを考えることができるのです。

例えば、ふと営業戦略について考えて、

「ランディングページ（LP、ホームページで最初に表示されるページ）をつくることを考えないとな」

と浮かんだら、それをまた、スケジュール帳に紫色で書き込むわけです。「LPのことを考える」と。

こうやって、やりたいことをどんどんスケジュールに入れておくと、紫色のタスクがたまってきます。

同じ日に、「読書をする」「映画を観る」「録画していたテレビ番組を観る」という3つのタスクが重なる場合のように、

そのような場合、僕は3つの中で、一番やりたいと思ったことをやります。

3つとも同じぐらいで、特に差が無い場合は、一番手前、つまり最初に入れたものからやります。

3つとも、あまりやる気がせず、スマホのゲームがやりたい、と思ったら？

僕は迷わず、ゲームをやります。

ゲームをやることは、確かに生産的なことではありません。でも、ゲームをやっている瞬間、僕は楽しいわけです。

やりたいことをやり続けられる習慣を作る

「楽しい」。これは人生にとって、極めて重要なキーワードです。

楽しいことを我慢して、楽しくもないことを優先する。これでは本末転倒だと、僕は思います。

スケジュール管理を上手くやるのも、仕事をするのも、読書や映画鑑賞をするのも、究極的には全て、「人生を楽しく充実したものにすること」に辿りつくわけです。

だから、スマホのゲームをやって楽しいなら、やればいいのです。

ただし、ゲームをやることは、基本的には何か蓄積になるわけではありません。なので、ゲームと読書を同じぐらいやりたい場合は、読書をしたほうがよいとは思います。でも、一番やりたいことがゲームなら、躊躇なくゲームをやることです。

やりたいことを、**紫色**のタスクとして次々とスケジュールに入れ、時間が空いた時にそれを見る。で、その中で一番やりたいことをやる。

こうすれば、その時点で一番やりたいことに、時間を使うことができるわけです。そういう時間が続けば、**「やりたいことをやり続けられる人生」**になるわけです。

今の僕が、まさにそういう状態なのです。

このやり方なら、やりたいことを我慢する必要も、後回しにする必要もありません。

通常のスケジュール管理術では、たいてい、何らかの我慢を強いられます。それこそゲームをやるなとか、テレビを観るなとか、睡眠時間を削って早起きしろとか。

でも、僕の編み出した時間術だと、そんなことはしないで済む。ゲームもテレビも楽しんで、ぐっすり寝ていられる。

この「我慢しないで済む」ことも、竹之内流時間術の、大きな特長だと自負しています。

決まっている予定や約束は、**緑色**でスケジュール帳に記入する。緊急性の低いものは、**紫色**で記入する。読書をするとか、プライベートのことも、紫色で書き込んでおく。紫が重なったら、その中で一番やりたいことをやる。それ以外にやりたいことがあれば、我慢せずにそちらをやる。

終わったタスクは**青色**に変えるか**消す**。

これが、竹之内流時間の使い方の基本です。
詳しく分類すると、次の４つに分けられます。

①日時が明確に決まっている、やるべきこと。……これはタスクというより「(確定している) スケジュール」です。
②日時が明確に決まっていない、やるべきこと。……これは「タスク」です。
③期限がある程度決まっている、やりたいこと。……これを「願望タスク」と呼びます。
④期限が決まっていない、やりたいこと。……これも「願望タスク」と呼びます。

①は、確定しているスケジュールです。明確に決まっていて、かつずらせない。自分一人の問題ではなく、相手がいる場合がほとんどです。例えば、顧客とのアポや会議などです。

プレゼンテーション、新人トレーニングの実施、顧客とのズーム会議、報告書の提出などもここに入ります。

これは、**緑色**で記入します。

②は企画書の作成や、顧客へ提案する資料の作成や、部下のトレーニングメニューを考えることなど、仕事上のタスクです。

メールの確認、会議の準備、経費精算、プレゼン資料の作成、市場調査などもここに入ります。

これは、**紫色**で記入します。

③と④は、仕事と関係あるなしに、自分がやりたいことです。プライベートのことでもよいですし、仕事のスキルを磨くことでもよいですし、将来のための準備でもかまいません。

読書をする、映画を観る、家族と旅行に行く、リーダーシップの勉強をする、心理学の勉強をする、といったことです。

これらも、紫色で記入します。

他の時間術と比べて特徴的なのは、③と④だと思います。

プライベートでやりたいことや、将来のための勉強などは、スケジュールに入れない人がほとんどでしょう。そもそもタスクとみなしておらず、管理自体、していない人が多いと思います。

しかしながら、③と④も、実は大事なタスクなのです。

なにせ、「自分がやりたいこと」なのです。大事に決まっています。

それなのに、大部分の人は、これらをタスクだと思っていない。だからスケジュールに入れず、安易に先延ばししたり、断念したりするわけです。

けれども、ちゃんとタスクとして捉えれば、必ずやることができるのです。そして、やりたいことをやれば、それだけ人生は充実します。

③と④の願望タスク、つまり個人的にやりたいことなどもスケジュールに入れ、①や②のような仕事上の予定や準備と同列に扱う。

そうすることで、特に意識しなくても、自然と願望が実現できるようになるわけです。

心理学に、こんな言葉があります。


「人が〇〇になりたいのであれば、〇〇になりたいと思うのではなく、自然と〇〇になれると思える状態をつくることが必要である」


仮に読者の方が、「経営者として成功したい」と望んでいるとしましょう。

その場合、「経営者として成功したい」と思うのではなく、自然と「経営者として成功する」と思える状態になれば、願望を、夢を、実現しやすくなるのです。

なぜなら、**僕たちの中にある無意識は、「自分がイメージした通りのことを現実化する」傾向がある**からです。


具体的にはどうしたらよいか。経営者として必要な能力を、願望タスクとしてスケジュール帳に書き、実行していくことです。

リーダーシップの勉強をする、コミュニーケーション能力をつけるための勉強をする、

といった願望タスクを実現していけば、

「いま自分は、経営者として成功するための道を歩んでいる」

「そのための勉強をしっかりやっている」

と、自然に思えるようになります。

そうなれば、しめたもの。願いを叶えるための行動を、現在進行形で行っていると自覚することで、「こうやって勉強していけば、自分は経営者として成功できる」と自然に思えるようになるのです。

僕の実感としても、「願望を実現している人」の特徴は、「すべきことを、自然と実行しているところ」にあります。あれこれ考えすぎず、着々とタスクを実現している、ということです。


逆に、**目標を強く追い求めすぎるのはダメ**。強く願うということは、現在、その目標を達成できていないということです。自分の中の無意識が、「未達成」というメッセージをキャッチしてしまい、夢を実現しにくくなるのです。

これを心理学では「欠乏マインドセット」と言いますが、そんな格好つけずに言いますと、**「カネと女は、追いかければ追いかけるほど逃げていく」**ということです。

なんにせよ、願望タスクをどんどんスケジュールに入れ、どんどん実行していく。

それが、夢を叶えるための王道なのです。

ちなみに僕は、③と④の願望タスクは、なるべく夜7時以降や土日に入れるようにしています。

もちろん、必ずその時間にやるという意味ではなく、パッと見た時に整理しやすくするためです。

例えば、プライベートの時間に空き時間ができて、何かやろうと思ったとします。その日が別に土日でなくても、土日に入っている紫色のタスクを見れば、プライベートでやるべきタスクの一覧がわかる、ということです。

③と④の願望タスク、つまり期限が決まっていないやりたいことというのは、通常、メモに書く人が多いと思います。

今年6月のスケジュール帳がこれです。緑色が確定したスケジュール、紫色が願望タスクです。僕は勤め人ではないので、土日も関係なく緑色のスケジュールが入ります。

（スマホアプリのスケジュール帳「Refills」より）

しかし、メモというのは、案外、見返さないものです。書いたのはいいが、それっきり、ということもよくあります。

メモに書いたことも、メモを見ることも忘れてしまう。そういう人が、少なくないのではないでしょうか。

また、メモに書くと、どこに書いたかわからなくなることもあります。探すことに時間をとられる、なんていう事態も起こりかねません。

さらに、色々と記していくうち、優先順位もよくわからなくなります。10枚、20枚とたまっていくうちに、見る気がしなくなることもあります。

一方、スケジュール帳に記入しておけば、その日が来れば必ず目にすることになるわけです。しかも、それまでの期間は、そのタスクについてきれいさっぱり忘れることができ、別のことに頭を使うことができるのです。

優先順位の問題をこうしてクリア

スケジュール帳に書くことで、優先順位の問題も、簡単にクリアすることができます。

期限が決まっていないけれども、早めにやっておきたい。そんな願望タスクがある場合、僕は2日後ぐらいに**紫色**で記入します。

で、2日後になって、そのタスクを見た時に、「まだ今日じゃなくてもいい」と思ったら、それを3日後とか一週間後とかにずらします。どんどんずらしていってよいのです。

つまり、2日後に入れるということは、「2日後にやる」という意味ではありません。一週間後にずらすのも、「一週間後にやる」という意味でもありません。

どういうことかというと、**「今の感覚」「今の時点での優先度」で、タスクを選ぶ**ということです。

例えば2日前、本を買った。そしてその時、「早く読みたいけど、今日は他にやりたいことがあるから、2日後に入れておこう」と思ったとします。

2日後になって、他の**紫色**のタスクを見てみたら、読書の他に「LPのことを考える」「ネットフリックスで映画を観る」と入っている。

で、「読書より、LPを考えることのほうをやりたい」と思ったら、そちらをやる。そして読書を一週間後にずらすわけです。

このやり方だと、**常に「今の時点で最優先のタスク」をやることができる**のです。

「読書」「LPのことを考える」「ネットフリックスで映画を観る」といったタスク自体を比較して、優先順位をつける。それだと必ずしも、やりたいことがやれなくなります。

なぜなら、優先順位や気分というのは、刻一刻と変わるからです。

2日前、「2日後にこれをやりたい」と思っても、いざその日が来たら、「そんなにやりたくない」と思うかもしれません。**緊急性も優先順位も関心も、2日経てば変化する、なんていうことはザラにある**わけです。


本当は、LPのことを考えたいのに、スケジュールに書いてあるから、やむを得ず上の空で読書をする……タスク自体を比べて優先順位をつけると、こんな事態になりかねません。

しかし、タスク自体でなく、「その時点の優先度」で選んでいけば、2日後も、一週間後も、「一番やりたいこと」をやり続けることができるのです。

そして最終的に、読書、映画を観る、ＬＰを考えるという３つのタスクを、実現させることができる。それも嫌々ではなく、楽しみながら。

スケジュール帳に書くことは、このように、優先順位の問題をもクリアするのです。


ここで、優先順位の問題に関して、一つ言及しておきます。

思いついたことを、すぐ、その場でやる。

そういう人が、結構多いのではないかと思います。

でも、思いついたことをすぐにやってしまうと、やり始めてから、あるいは後になってから、「もっと優先順位の高いタスクがあったんじゃないか？」と、気が気でなくなってきます。

で、実際に、より優先すべきタスクがあったとしたらどうか。その優先すべきタスクが進まなくなるうえに、やり始めたタスクにも、身が入らなくなるでしょう。

明日が期限の仕事上のタスクがあったのに、スケジュールを確認せず、ふと思いついた英語学習を、急ぎでもないのに始めてしまった。

途中で気になって、スケジュール帳を見てみたら、忘れていた仕事上のタスクに気づいた。

慌ててそちらを始めたが、もう、手遅れだった……思いついたことをすぐやると、最悪、こういう事態になりかねません。

なので、**決断したり一歩踏み出したりする時は、その瞬間にやらないこと**です。

とにかくスケジュールに投げる。紫色のタスクとして書き込む。そこで、あらためて考えたり、取り組んだりすることです。

思いついた瞬間にやってしまうから、他のタスクがおろそかになり、忙しさを感じてしまうわけです。

いま急遽起こったことは全て明日にまわせ、というのは「マニャーナの法則」といって、時間術の本にも出てきます。一言でいえば、「優先順位がつけられない状態で、手をつけることをしない」というものです。

前述したように、**優先順位というのはころころ変わります。**

今日、思いついたことの優先順位は、明日、あさってでまた変わってきます。

だから、優先順位を先に決めてしまうのは、時間の無駄。

その点、スケジュールに全て書き込み、「その時点で一番やりたいことをやる」という僕のやり方なら、別に優先順位をつけなくても、自動的にやりたいことができるのです。


タスクの例として、いま僕は「LPのことを考える」というのを挙げました。

この流れで、「タスクにかかる時間」についても説明しましょう。

LP（ランディングページ）のことを考える。

なんか、時間のかかりそうなタスクです。

LPに限らず、仕事がらみのタスクは、時間をとりそうなものが多いでしょう。社員教育のことを考える、営業戦略について考えるetc。

この種のタスクは、何時間かのまとまった時間が無ければ、やりきれそうにない気がします。

なので、スケジュール帳に書き込むことすら、気が進まないと思います。

こういうタスクの場合、「分解」して、スケジュールに入れるのです。

最初の一歩を踏み出しやすくするには

分解とは何か。次のような方法です。

まずは、スケジュール帳に、「ＬＰのことを考える」と入れる。そして隙間時間を使って考えて、メモを取り始める。

次に、そのＬＰについて記したメモを、まとまった文書にするために、翌日かその次ぐらいにまた「ＬＰについて考える」と入れる。

文章が完成しなかったら、また翌日ぐらいに、「ＬＰについて考える」と入れる。

このように、数日程度の短いスパンの中で、一つのタスクを分解してスケジュールに入れるのです。

こうすれば、時間のかかりそうなタスクも、短期間で仕上げられるのです。

そもそも人間は、「一度何かを始めたら、最後まで続けないと気が済まない」という習性を持っています。

タスクの多くも、いったん始めれば、あとは自然に進んでいきます。だから、最初の一歩が肝心なのです。

その際、まとまった時間は不要です。とにかくスケジュールに入れ、隙間時間にそれを見る。５分で見つかれば、タスクに取り組むのです。

僕の秘書が、「1時間で6個のアイディアを出す」とのタスクをやろうとして、手をつけなかったことがあります。要は、「１時間も確保するのは面倒だし、やる気にならない」というわけです。

そこで僕は、「まず5分、アイディアを考える時間をスケジュールに入れてみたらどうか」とアドバイスしました。

空き時間ができたら、５分、10分でいいから、アイディアを考える時間に充てればいい。途中で終わってもいい。メモを取っといて、また続きから始めればいい、ということです。

このアドバイスを実践してくれた我が秘書は、結果として６個のアイディアを出しました。

「一回やり始めたら、なんかずっとやりたくなって、アイディアを考えつくことができた」というわけです。

長い時間を分解し、短くする。そうすれば、最初の一歩を踏み出しやすくなる。いったん取り組めば、そのタスクは自然にやり遂げられる。

人間の習性をも考慮して、タスクを実現させていく。それが、竹之内流時間術なのです。

この「分解する」という発想は、非常に重要です。なおかつ、いろんなタスクにも使えます。

例えば僕は、「映画を観る」というタスクも、分解しています。つまり、少しずつ観ることが多いのです。

2時間の映画を10分ずつぐらい、小分けして観る。

ちょっと、邪道と思われてしまうかもしれません。一気に観てこそ映画だ、と考えている方もいるでしょう。もちろん、それに越したことはないと思います。

でも、テレビの連続ドラマだって、細切れといえば細切れです。朝の連続テレビ小説だって、毎回15分ずつではありませんか。それでもみなさん、楽しんで観ているでしょう。

実際、5分ずつでも10分ずつでも、映画は十分に楽しめます。一気に観ても細切れで観ても、名画は名画なのです。

読書などは、一気に読み切る人のほうが少数派でしょう。通勤時間や空いた時間に少しずつ読む、これが一般的だと思います。

そして、そのように**細切れで読もうが、本の面白さは変わりません。映画も同じです。**むしろ、1・25倍速とかで一気に観ることのほうが、微妙な間や表現などを無視することになり、楽しめなくなると思います。


この「分解する」という方法は、ドラクエにたとえれば「セーブ」です。

ドラクエが大ヒットした理由の一つに、僕はセーブ機能があると思います。セーブが無い初期の作品も、「復活の呪文」がありました。

冒険を、自分のペースで進められる。途中でやめたら、そこからまた再開できる。もし、毎回イチから始めなければならないとしたら、ドラクエはあそこまで売れなかったでしょう。

今の時代、たいていのことはセーブも保存もできます。映画鑑賞も、書類をつくるのも、自分のペースでやっていけばいいのです。

ドラクエだって、一気にクリアする人は、おそらくごく少数でしょう。みんな1日何十分とか何時間とかやって、小分けにしてプレイするわけです。

美味しい料理は、どんな皿に置いても美味しいといいます。

面白い作品は、どんな方法で観ようが読もうが、面白いのです。

スケジュール管理は、キャッチボールと同じ作業

さて、ここでLPの例をまた使いましょう。先にLPに関するタスクを3つに分解して仕上げる、と説明しました。考える、文書にする、それを完成させる、の3つです。

上記3つのタスクが終われば、次はLPの業者に発注する、という作業になります。

この段階になると、僕の場合、2つのやり方が選択肢に出てきます。

一つは、「LPの制作会社を探す」というタスクを、例えば翌日の朝9時から30分間、スケジュールに入れることです。これまで説明してきたようなやり方です。

もう一つは、「ＬＰの制作会社を、夕方ぐらいまでにリストアップしといて」と秘書に頼むことです。自分で探さず、秘書に調べさせるのです。

で、例えば「あさっての夕方までにお願い」と頼んだら、スケジュール帳のあさって午後６時ぐらいに、「秘書にＬＰ探したか確認」と**紫色**で書き込むわけです。

僕は、スケジュールというものは、ボールを受け取って投げる、キャッチボールのような作業だと考えています。

人から何か頼まれたり、自分でやらねばと思いついたりした時に、ボールを投げる。投げずに持ち続けることが、「忙しい」という状態を招くのです。

このＬＰのケースなら、僕はスケジュール帳か、または秘書に投げているわけです。いったん投げてしまえば、そこからのレスポンスがあるまでは、そのタスクについて一切考えないで済む。

この「ボールを自分で持たずに投げる」という意識を持つことは、スケジュール管理において大事だと思います。

秘書に頼んだ場合、僕はアラームをかけるようにしています。先の例なら、期限の日の午後6時にアラームをかけ、鳴ったら「LPの件、まだ届いてないけど大丈夫？」と秘書に確認するわけです。
「リストアップしました」という答えが返ってくればそれで終了。
「申し訳ありません、まだ終わっていません」という答えなら、次の期限を決めて、その時間にアラームをセットする。

こうやって、タスクを着実に仕上げていくわけです。

人に頼んだ場合、確認作業が必要です。それをしないと、報告が上がって来ないことがよくあります。

また、人にお願いすることは、スケジュール帳に書くことと比べ、頭に残りやすいことが多いです。あれまだかな、と気になってしまうのです。僕もつい、急《せ》かしのメールを送ってしまうことがあります。

これは、ボールを投げていない、自分で持ち続けている状態なので、注意が必要です。

いったんスケジュールに入れたり人に頼んだりしたタスクは、期限が来るまで忘れるようにしてください。少なくとも、たまに思い出すぐらいにしてください。忘れることで、頭の中を広くし、存分に考えることができるのです。

ＬＰの例に戻りましょう。

自分で探すか、秘書に頼むかして、ＬＰの制作会社を数社に絞ることができたとします。

そして、その中の１社とアポをとったとしましょう。こうなると、次の段階に進みます。

これまでは、タスクを**紫色**で書いていました。しかし、アポをとり、相手との約束が成立したということは、日時の決まった「確定したスケジュール」ということになります。

あらためて、タスクの色分けを記します。日時の決まった絶対的なスケジュールは**緑色**、それ以外のタスクは**紫色**、というものです。

だから、日時が確定すれば、今度は**緑色**で、例えば「3日後の午前10時にＬＰ制作会社訪問」と書くわけです。

このように、**紫色**で入れた日程は、いくつものステップを経て、**緑色**に変わることが多いです。それは、タスクもビジネスも、順調に進んでいることの証《あかし》です。

最後、そのタスクが終了したら**青色**に変えたり消したりするということです。

レスポンスがみちがえるほど早くなる

これも、竹之内流時間術の特色の一つです。

例えば、「この資料をまとめておいてほしい」と頼まれたとしましょう。

そういう場合、僕なら、まずスケジュール帳に記入します。２日後のところに、「頼まれた資料をまとめる」と**紫色**で書くわけです。

で、頼んできた人に、「２日後に考える予定です。その後僕から連絡致します」とラインを送る。

こうやって、**「いついつにやる」とすぐ伝える。**

これが、「レスポンスを早くする」ことの秘訣です。

資料をまとめてから、「終わりました」と連絡する。これが、普通のやり方だと思います。

しかし、**僕の場合、「やる日程」を先に伝えます。**先に挙げた表現でいうと、「ボールを先方に投げた」わけです。

こうすれば、「やる日程」が来るまでの間は、頭を空にすることができるのです。資料をまとめるのが終わってから連絡する、というのでは、「ボールを持ち続ける」ことになってしまいます。

そうなると、「資料をまとめてほしい」と頼まれた瞬間から、それを終えたと連絡する瞬間まで、資料のことが頭から離れません。別のことをやっている時間も、資料のことが気になるようになってきます。これでは頭が空にならず、「忙しい」と感じてしまいます。

だから、まず「いついつにやります」と伝えることです。

これなら忙しさを感じずに済みますし、「レスポンスが早い」と先方も安心します。一石二鳥です。

ボールを投げる。自分では持ち続けない。

このことの重要性は、いくら強調してもしすぎることはありません。なにしろボールを持つか持たないかで、忙しいか否かが決まってくるのです。

人を紹介する時も、僕はボールを投げます。

例えば、Aさんという人が、

「〇〇の分野に強い人を、紹介していただけませんか？」

と、頼んできたとしましょう。

僕はすぐ、〇〇の分野に強いBさんに、

「これこれこういう事情なので、よろしければAさんと会っていただけませんか」

と、ラインを送ります。そして、送った画面を、スクリーンショットで保存します。

ラインを送ることで、僕はBさんにボールを投げました。

これで、僕の役目はひとまず終了です。

この手の依頼は、「いついつまでにお返事をお願いします」などと僕が期限を決めることができません。なので、Bさんの反応がなければそれまでです。

Aさんから、「紹介の件どうなりました？」と聞かれたら、「実は依頼を受けた日に、Bさんへラインを送っています」とスクショを見せます。

そうすれば、Bさんの反応がまだ来ないのだ、とわかります。僕が依頼を放置したわけではない、とわかるので、Aさんからの信用は失いません。

で、あらためてBさんに連絡し、「あの件どうなりました」と催促する。つまり、Aさんから確認のボールが来たので、それをまた、Bさんに投げるわけです。

その一方、Aさんには、「Bさんから反応があり次第、連絡致します」と伝えるようにします。こうしておけば、Aさんも、「連絡がないということは、まだ反応が無いんだな」とわかります。

ボールを投げれば、忙しくならないし、連絡もスムーズにいくわけです。

第3章

願望タスクをリレーでつなぐ

人間の持つ習性を生かそう

僕は時間の使い方を、長距離走ではなく、超短距離走をリレーでつないでいくというイメージで捉えています。

タスクを分解し、短い時間でスケジュールに入れる。そして、スケジュールに入れ続けることで、短いタスクをずっとリレーしてつないでいく。「夢を叶える」といった大きな願望タスクなど、典型的なタスクのリレーだと思います。

例えば、読者の方が、「将来、美容師になりたい」との夢を持っているとします。竹之内流時間術の場合、夢への第一歩は、「美容師養成スクールを調べる」とスケジュールに**紫色**で書くことです。書きさえすれば、隙間時間にそれを見て、「あ、いま調べよう」となるわけです。

で、調べたら、良さそうなスクールが3つぐらい見つかったと。その詳細を調べるのは翌日に回し、またスケジュールに書き込みます。

その際、続きを調べやすくするように、URLをメモに貼ったり、お気に入り登録したりしておきます。

翌日になったら、昨日の続きで3つのスクールを詳しく調べ、1つに絞ったと。行きたい学校が決まったと。

こうなると、次は「その美容師養成スクールに申し込む」わけですが、そのままタスクに入れたりはしません。

「スクールに申し込むかどうか決める」とスケジュールに書くのです。何も、すぐに入学を決断する必要はないわけですから。

ここまで、**①スクールを調べる　②詳細を調べる　③申し込むかどうか決める**　という3つのタスクをつないできました。まさに**タスクのリレー**です。

こうやって、タスクをリレーでつないでいくことが、美容師なら美容師という夢に、じわじわ近づいていくことになるのです。

「夢を叶える」とは一般に、大きく長期的な願望タスクです。仕事の資料をつくるとか、映画を観るとか、そういう日常的な願望タスクとはスケールが違います。

なので、1つのタスクを終えると、想定していなかった別のタスクをまた実現する必要がある、ということも考えられます。もちろん、それらもスケジュールに入れ、リレーでつないでいくのです。

しばらく経つと、「夢を叶える」ための願望タスクで、スケジュールが埋まっていくでしょう。

当然、タスクはそればかりでなく、読書をする、ジムに行く、ある業界について調べる、といった通常のものも加わります。

そうなると、スケジュール帳は、**紫色**のタスクで染まっていきます。**夢でも趣味でも仕事でも、やりたいタスクからやっていけばよい**わけですが、スケジュールが埋まっていくと、ある変化が出てきます。

それは、スマホのゲームなどを、自然とやらなくなるということです。

人はなぜ、ゲームをやりたくなるのか。それは、様々な理由があるのでしょうが、「他の予定が何もないから」というのも、上位に来る理由だと思います。

会社がいつもより早く終わった。スケジュール帳を見た。夜の日程は白紙。まるまる空いている。じゃあ、ゲームでもしてまったり過ごすか……。

なんていう方が、かなり多いと思います。

しかしそんな時、スケジュール帳を見てみたら、タスクがいくつも並んでいた。しかも、そのラインナップは、読書、映画、ジムで運動する、英語の勉強と、バラエティに富んでいる……こういう状況ならどうでしょう？

「読書しようか」「映画を観ようか」「ジムにいって、体を動かそうか」「英語の勉強をしようか」

などなど、ゲームでなくタスクのほうをやる人が、多いのではないでしょうか。

しかも、**人間なるものは、一度やり始めたことは最後までやり遂げたい、と思う動物です。**

なので、例えばいったん英語の勉強を始めれば、続きの勉強がまたやりたくなる。これまでだったらゲームに費やしていた時間を、英語学習に使おうとし出すのです。

タスク一覧を確認したうえで、それでもゲームをやりたければ、やればよし。「いま一番やりたいこと」が、いずれのタスクでもなく、ゲームだということなのですから。

でも、タスクがいっぱい並んでいれば、ゲームでなくタスクをやる確率が、格段に上がると思います。「ゲームをやりたい」との衝動を抑える必要もなく、自分の意志で、自然と、タスクを選ぶようになるわけです。

人は緊急で、重要なものから処理したくなる

ところで、いまスマホのゲームの例を挙げましたが、僕はニュースを見ることも、あまり生産的ではないと思います。

いや、ニュースを見ることは大事です。内外の情勢を知ることは、社会人として当然です。僕が言いたいのは、**1日に何回もニュースを見るのは無駄ではありませんか、**ということです。

ヤフーのトップニュースを1日に10回以上確認する、そういう方は結構多いのではないでしょうか。

記事が更新されていないのに、何回も確認する。そういうことなら週に1回か2回、ま

とめて見れば十分なのではないでしょうか。

仕事に関係があったり、個人的に興味を抱いたりしたニュースがあれば、それこそタスクに「〇〇のニュースを確認」と紫色で記入すればよい。１日に10数回も見ることより、定期的に見たり、ポイントを絞ったりして見たほうが、効率がよいと思います。

また、ニュースの傾向として、ネガティブな話が多いことも気になります。人はどうしても、悪い話のほうに興味を持つ。そのためニュースも必然的に、殺人だとか、裏金だとか、ネガティブな話題が多くなってしまうのです。

しかし、朝からネガティブな情報に接すると、朝から気が滅入ります。最悪、一日中滅入ります。

そうした事態を避ける意味でも、僕はニュースというのは週に１、２回、見れば十分だと思います。

少なくとも僕は、毎日こまめにニュースを見なくても、仕事に支障をきたしておりません。個人的にも何も問題ありません。

何はともあれ、**竹之内流時間の使い方が身についてくると、隙間時間にスケジュール帳を見る習慣がつきます。**

だから、ちょっと暇ができて、「ゲームでもやろうかな」「ニュースをチェックしておこう」と思ったら、その瞬間、

「……そういえば、どんなタスクがあったかな」

と、タスクをチェックするようになるでしょう。

そういう場面が増えれば増えるほど、結果としてゲームをやったり、ダラダラとニュースを眺めたりする時間が減っていくのです。

ここで、大事な指摘をしておきます。

人間とは、緊急で、重要なものから処理したくなる、ということです。

切羽詰まってきた、やっておかなければ、と緊急性が発生すると、急にやりたくなる。

重要度が大きければ大きいほど、やりたくなる。

そういう生き物です。

だから、人が「つらい、しんどい」と思うのは、重要でもないし、緊急性も発生してい

ないことをやる時です。

わかりやすい例でいえば、学校の試験勉強です。

テストの一か月前から、勉強をやり始める人はほとんどいないでしょう。よっぽど真面目な人か、勉強好きな秀才ぐらいしか、そんな前から勉強しません。

でも、テストの日が近づいてくれば、みんな勉強し出すでしょう。それは、緊急性が高まるからです。「そろそろ勉強しないとまずい」と思うから、他のことを差し置いて、勉強をするわけです。

別に勉強が好きではなくても、緊急性が高いから、「やりたいこと」になるのです。

タスクを実現するにあたっても、緊急性、重要性が関係してきます。

例えば、友人から「来月、旅行に行こう」と誘われたとしましょう。

今すぐ決められない、もしくは決めたくない、と思ったら、行くか行かないか決める、とスケジュールに入れればよいのです。

旅行の日程それ自体ではなく、行くか行かないか、決めること自体をスケジュールに入れる。これは願望タスクに該当しますから、紫色で入れます。

旅行に行こう、という誘いを分解。まず決断することを、スケジュール帳に書きました。で、その決断の日が来た時に、他の紫色のタスクも見る。すると、そこには「買った小説を読む」という気になるタスクがある。

旅行は来月だし、行くか行かないかまだ迷うから、今はこの小説を読みたい……。と思ったら、決断をまたあさってぐらいに先送りする。そして、小説を読むという、一番やりたいことをする。これでいいのです。

あさってになれば、それだけ旅行の日が近づいてきます。さらに決断を先送りすれば、そのぶん旅行の日は近づきます。

こうして旅行の日が迫ってくれば、徐々に緊急性が高まってきます。

初めは「まだ来月だから、一か月ぐらい余裕がある」と思っていても、あと20日ぐらいになってくれば、「行くか行かないか、そろそろ決めないとな」となってくる。

早い段階で無理に決めなくても、自然と決められるようになるのです。

なので、やりたくないことはやらず、考えたくないことは考えなくてよいのです。ただ、スケジュール帳に書くだけで、いつのまにかやる気になったり、考えたくなったりするわけです。

また、緊急性が低くても、自分にとって重要だと思えば、人というのは取り組みます。

例えば、いつかイギリスやアメリカに留学したい、英語を習って身につけて、将来仕事に生かしたい、と思っている人がいるとします。

この人は、他の科目はともかくとして、英語は一生懸命勉強するでしょう。

それこそスケジュールが「単語を覚える」とか英語がらみのタスクで埋まり、日に日に力をつけていくでしょう。

人間とは、興味を持ちさえすれば、どんどん勉強する生き物なのです。

緊急か、重要なものからやりたくなる。

人間の、この不思議な習性。

これを理解していれば、タスクを実行するに際しても、役立つことがあると思います。

確定している予定や約束のみならず、個人的にやりたいことも全てスケジュールに記入する。そうすることで、頭の中を空にすることができる。頭の中を空にすれば、色々なことを考えることができる。

先に僕はそう書きました。

では実際、頭の中を空にして、考えていった例を紹介しましょう。

タスクを使った、より深いコミュニケーション

第一章で触れた、韓国の高級食パン専門店。僕が経営する20社以上の会社の中でも、特に好調な会社です。

ある時僕は思いつきました。

「ちょっと近いうち、韓国へ行って、お店を見に行きたいな」

ちょうど食パン店が、40店に迫っていた頃です。

「お店を任せているキムさんと、コミュニケーションとっておかなあかんやろな」

タスクを全てスケジュール帳に投げた、頭がスッキリした状態だと、色々なことを考え

つくのです。

僕は早速、「韓国のキムさんに連絡する」とスケジュール帳に書きました。**紫色**で。**いきなり連絡するのではなく、「連絡する」と書く**のです。一度タスクに入れれば、その後も検討項目として目に入ってきます。

で、その次に、「近く、韓国に行こうと思っています」と、キムさんにラインを送りました。キムさんにボールを投げたわけです。

すると、キムさんから、「いつ頃来られますか?」と返事が来ました。この段階で、緊急性が高まります。キムさんからラインが来たわけですから、それを返さないといけないからです。

僕は「来月20日から3日ぐらいで考えてますけど、どうですか?」と返信。これにキムさんから、「その日程なら大丈夫です。ぜひいらしてください」と返事が来ました。

それから、チケットを取る日をまたスケジュールに入れるのですが、そこでふと思うわけです。

「せっかく韓国に行くんだから、お店を見るだけじゃなくて、他のこともしたいな」と。

そうなると、次は**「韓国に行った時、何をするか考える」**と書き込みます。韓国へ行く2日前ぐらいまで、5分ぐらいの「韓国系タスク」を何度かスケジュールに入れるわけです。

韓国で何をしたいか決めたら、今度はキムさんに「ここに行きたいのですが、アテンドしてもらえませんか」とラインをする。

これをまたスケジュールに入れます。

こうやって、次から次へと考えが浮かび、タスクの数が増えていくのも、頭を空にしているからです。

こまめにスケジュール帳に入れ、キムさんに振る。

つまり**ボールを自分で持たず、投げている**のです。

だから、色々考えつくことができるのです。

僕は教育関連の仕事もやっています。これも第一章で触れましたが、沖縄でユダヤ教育の合宿を行っています。

ある時、やはり頭の中が空の時、僕はふと思いつきました。

「いや、ちょっとセミナーをやってみたいな……セミナーやって、沖縄合宿の集客につなげる。これって、メチャクチャいいアイディアじゃないか？」

僕はすぐに**紫**の字で、「集客につなげるセミナーをやる」とスケジュールに入れました。

でも、この時は、わざと入れっぱなしにして、他のタスクを優先させたのです。セミナーをやる、という文字を見るたびに、空の頭でやるかやらないかを考えたのです。

当時、僕はセミナーを開いたことがありませんでした。だから、いわばタスクを「熟成」させ、本当にやりたくなるまで待っていたわけです。

そのうち、「セミナーをやるってワクワクするし、やってみようか、どうしようか」と、気持ちが盛り上がってきました。

そこで、ようやく秘書に「何月何日にセミナーするから、スケジュールとっといて」と指示します。秘書にボールを投げたわけです。

その一方、僕のスケジュール帳には、「セミナーの内容を考える」と書き込みます。頭の中が空だと、セミナーのことに集中でき、どんどんアイディアが浮かんできます。

ここから先は、もう勝手に進んでいきます。

僕と秘書のタスクがそれぞれ進み、新たなタスクも加わって、最終的にはセミナーを、無事開催することができました。

沖縄合宿の集客にもつなげられ、当初の目論見を成功させることもできたのです。


何度も書いているように、僕は今、20社以上の会社を経営しています。

この20以上の事業は、一気に増えたとか買収したとかではなく、一つ一つ積み上げて、現在の数になったのです。

では、例えば10社ぐらいの会社をやっていた時に、僕は何を考えていたか。

やはり、頭の中が空の時間に、たくさんのことを考えていました。

「次はキャバクラというか、飲食店をやりたい」

「BtoB 関連の事業をしてみたい」

なんて考え、思いついた瞬間に、「キャバクラ事業を考える」「BtoB 関係の事業について考える」などなどスケジュール帳に書いていくわけです。

その結果、いま僕はキャバクラも飲食店も、そして BtoB 関連の事業もやっています。

とにかくやりたいことをスケジュール帳に書き、頭の中を空にして、自由自在に考えてい

くことです。

僕が20社以上の会社を経営できるまでになったのも、**書き、考えたからだ**といって過言ではありません。

スケジュール管理はスマホに限るものの

僕はスケジュールを、スマホで管理していますが、読者の中には「紙のノートで管理している」という方もいるでしょう。

「紙のノートの場合はどうすればいいのか」と聞かれたこともあるので、少し触れておきます。

結論から言いますと、スケジュールはスマホで管理すべきだと思います。

というのは、スマホには、ノートには無い利点がいくつもあるからです。

目に優しい、字が大きくて見やすい等、ノートにも利点はあるでしょう。でも、スマホを使うメリットは、ノートの利点を上回るものがあると思います。

一番のメリットは、スマホというのは、肌身離さず持っているものだということです。

外出時はもちろん、自室を離れる時も、トイレに行く時も、持ち歩くのがスマホです。入浴時も直前まで持っていますし、寝る時もベッドの上でいじったりします。スマホというのは、常に手元にあるものなのです。

常に手元にある。これは極めて重要です。

例えばトイレに入っている時に、ふと、何かを思いつくかもしれない。スマホなら、トイレにも持ち込めますから、思いついた瞬間にメモできます。

他方、ノートでは、部屋に戻らないとメモできません。その間、手を洗ったり歩いたりしているうち、メモすることを忘れてしまう場合もあります。

こういうちょっとした差が、のちのち大きな差になっていくと思います。

また、**見る回数も、ノートよりスマホのほうが断然多いでしょう。これも、スマホのメリット**です。

急に暇になった時、スマホならいつでも、スケジュール帳を開いてタスクを確認することができます。

しかしノートでは、手元に無い場合もあるうえに、近くにあっても見るとは限りません。

僕たちは1日に10回、20回はスマホを見ると思います。でも、ノートを1日10回、20回と開く人は、まずいないでしょう。せいぜい数回だと思います。

いつでも、どこでも、手元にある。暇になったらその瞬間にタスクを見られる。そしてすぐ実行できる。

僕はやはり、スケジュール管理はスマホに限ると思います。

とはいえ、どうしてもノートを使いたい方や、スマホアプリになじめない方もいるでしょう。

そういう方は、できる限りノートを手元に置くようにしたうえで（可能なら、トイレに行く時も持って行く！）、欄外などを使い、タスクを色分けして書き込んでいけばよいと思います。

「やりたいことを、とにかくスケジュールに書き込んでいく」という**竹之内流時間の使い方の真髄は、スマホだろうとノートだろうと変わりません。**

タスクにある「面倒くさいこと」の簡単処理法

……僕が自分流のスケジュール管理術を始めたのは、だいたい6、7年前、2017、18年頃のことでした。

リラクゼーション会社「りらくる」の株を、売却した後のことです。

そう、270億円もの大金を、手に入れた時期でした。

りらくるだけを経営していた頃は、1つのことに集中している状態です。だから、スケジュール管理自体を、さほど意識していませんでした。

けれど、りらくるの経営から離れた後、色んなやりたいことが出てきて、そして実際にやり始めて、たくさんのことを同時並行で進めるようになった。

そういう状態になると、自然、スケジュール管理を意識するようになります。

僕は元来、物事を効率よくするのが大好きです。ズボラな性格なので、面倒なことや非効率なことをやるのが苦痛。もっと効率をよくする方法はないか、と常日頃考えています。

僕は経営者ですから、いわば不労所得でお金を稼いでいますが、不労所得と労働の違いは、頭で考えるか、肉体を動かすかの違いです。

なので、繰り返しになりますが、頭の中を空にして、何も気にせず考えるようにしています。

また、頭で考える時間を、労働で埋め尽くされないようにもしています。この場合の労働には、接客をしたり電話をしたり、「他のことが忙しくて、自由に考えることができない状態」も含まれます。

さらにいえば、頭で考える時間を、余計なつまらないことに使いたくありません。

このように、自分の考えや感情を整理していた際、ふと思ったのです。

「何かをやらなければならない、という感覚になることが大事なのではないか？」と。

人は、やらなければならないことが出てきた時、たいてい「面倒くさい」と思います。

しかし僕は発想を変え、「面倒くさいと思わないためには、どうしたらよいか」と考えてみました。

その結果、**「その時が来るまで考えない」という結論に至った**のです。

面倒くさいことを考えること自体が面倒くさい、しんどい。嫌なことは忘れていたい。だから、どんどん先送りして、なるべく頭に残らないようにする。

そのうち期限が来る。

いくら面倒くさいことでも、期限が来ればやらざるを得ない。

だけど、いざ当日になれば、面倒くさいという気持ちより、「やらなければならない」という気持ちのほうが上回る。面倒くさい、やりたくないという気持ちは、消えはしないが激減する。

嫌だ、面倒くさい、と毎日思っていていつかやり出す。それよりも、ギリギリまで考えないようにして、期限が来たら否応なしにやる。そのほうが、効率がよい、他のことに頭を使える。

……僕はこのように、発想を転換させてみたのです。そして、様々な時間術を試してみました。スケジュール管理の本も、読み漁りました。

こうして試行錯誤を重ねた果てに、完成したのが、今の〝竹之内流時間の使い方〟なのです。

実現できなかったタスクは翌日に回す

最初は、確定している予定のほかに、仕事でやるべきことを入れているだけでした。今のように色分けもせず、ただ、メモのように書いていたのです。

そのうち、

「ネットフリックス映画を観る、読書をする、などなどプライベートでやりたいことも書いたらどうだろう？」

と、思い始めました。「願望タスク」を入れ始めたわけです。

すると、状況が一変しました。

単に頭で「映画を観たい、本を読みたい」と思っていた時は、結局やらないで終わる、なんていうことがよくありました。映画のことも忘れてしまい、スマホでダラダラとゲームをやる……ということもままありました。

で、観ていない映画が増え、読んでない本がたまる一方で、「忙しい」「やりたいことがなかなか進まない」なんて感じていました。

でも、映画や読書といった願望タスクもスケジュールに入れ始めてから、確実にそれらを実行するようになったのです。

しかも、たくさんの映画を観て、本も読んでいるのに、あまり忙しいと感じない。仕事の資料をつくったり、業界のことを調べたりしても、まだ忙しいと思わない。

「なんで、やることは前より増えたのに、忙しくなくなったんだ?」

と思ったら、実はゲームの時間が減っていたのです。

そして、前にも書いたように、映画などは5分、10分と分解して観るようになり、ますますタスクを実行できるようになっていきました。別にゲームをやるのを我慢したわけではないのに、自然とゲームの回数が減り、タスクの時間が増えていったのです。

さらに、秘書らに振ることも試しました。「ボールを投げる」ことの始まりです。

はじめは自分で考えず、秘書に丸投げしてみました。そうしたら、今度は秘書がちゃんとやっているかどうか、気になって来たのです。

「一週間後までにやっといて」と頼んだことを忘れ、４日後に「あれどうなった？」と聞いてしまったこともあります。ボールを投げず、無意識のうちに持ち続けていたのです。

そこで、スケジュールに「秘書に確認する」とのタスクを入れることにしました。すると、確認する日が来るまでは、忘れられるようになったのです。もっとも、たまには思い出してしまい、気になることが今もありますが。

とにかく、そのような試行錯誤を経て、数年前、今の時間の使い方に辿りついたのです。**僕のスケジュールは、秘書と共有しています。ついでにいえば、奥さんも共有しています。**だから、奥さんは、僕がどこで何をしているかよく知っています。

といっても、秘書や奥さんと共有しているのは、**緑色**の確定したスケジュールだけです。**紫色**の、僕が個人的にやりたいタスクは、僕しか見られないようになっています。別に隠しているわけではなく、僕個人のタスクなので、共有する必要性がないためです。

秘書とは**緑色**のスケジュールのみならず、時間術のマインドも共有できています。なので、以心伝心で、基本的には僕に確認せず、ぽんぽん日程を入れていきます。

たまに、移動時間に予定を入れてしまって、後で訂正することはありますが、普段はミスせずちゃんとやってくれています。

秘書の協力もあって、僕は今、だいたい月に20ぐらいのタスクを実行しています。

実現しなかったタスクは、翌月に回すようにしています。

また、毎月2つぐらいのタスクを、消すことが多いです。

これは、先送りしているうち、あまり重要でないと感じたり、やりたくなくなったりしたタスクです。

ワクワクしながら進めていくためには

しかし、月に20も、仕事上&個人的にやりたいことをやっている人間は、どれだけいるでしょうか。ほぼ、いないのではないでしょうか。

僕自身、大小の夢がどんどんかなっている感覚で、もう怖いぐらい、毎日が充実しています。

しかも、忙しくない。

やりたいことをやれていなかった昔のほうが、よっぽど忙しかった。今は忙しくないから、プレッシャーを感じることはまずないです。しんどさも感じません。心に余裕というか、ゆとりがあります。

何より、前に比べて、人生が濃くなった感じがする。ちょくちょくあった隙間時間が全部埋まり、有意義なことをしている時間が長くなったとも感じます。楽しい時間、将来の夢に近づいている時間、そういう時間が激増している感覚です。

これは、「途中経過も楽しんでいる」からだと思います。

どういうことか、説明しましょう。

通常、上手な時間の使い方とは、「無駄な時間を減らして、最短距離で目標に近づく」ことを主眼に置いています。

ところが、僕の場合は違います。最短距離で目標に迫る、などということはしません。

「無駄な時間」――僕は無駄と思いませんが――も楽しみながら、目標を達成しよう。

これが、竹之内流時間の使い方の、基本的なコンセプトなのです。

つまり、目標への途中経過も楽しもう、時にはリラックスして、ワクワクしながら進みましょう、ずっとハッピーな気分のままで夢を実現できたら、それが一番よいでしょう、ということです。

例えば、「10年後には、英語をペラペラにして、語学を活かす仕事をしたい」という大きな夢があるとしましょう。

巷によくある時間術では、観たい映画や読みたい本を我慢して、ひたすら英語を勉強しろ、他の時間を削って英語をやれ、と教えます。で、「無駄な時間」を削るための方法を伝授する。

でも、これでは英語はできるようになるかもしれないが、楽しくない。下手したら10年間、我慢ばかりの人生になってしまいます。

そもそも英語をペラペラにしたいのも、それを活かす仕事をしたいのも、人生を充実させたいからでしょう。それなのに、**こういう我慢ばかりのやり方では、人生が楽しくなくなります。**

英語がペラペラになった達成感より、我慢ばかりの「失われた10年」のマイナスのほうが大きい。プラス100とマイナス120で、マイナス20……なんていうことにもなりかねません。

その点、僕の時間術は違います。映画も読書も楽しみながら、英語を学ぶ。削っているのはゲームとか、似たようなニュースのネットサーフィンとか、非生産的な時間だけ。それも、我慢して削ったのではなく、結果として減っただけ。

つまり10年間、他にやりたいこともやりながら、夢を実現できるわけです。実際問題、色々我慢する方法と比べて、勉強時間はそう変わらないはずです。むしろ、「映画を観たいのに」と気が散りながら勉強するより、「映画も楽しんだし、頑張ろう」と勉強するほうが、よほど効率がよいと思います。

だから、**竹之内流時間の使い方とはドラゴンクエストなのです。**タスクをこなして成長しながら、色んなイベントにワクワクしながら、何より毎日楽しみながら、ゲームをクリアする＝夢を実現する。〝ドラクエ時間術〟なのです。

嫌なことを無理やりしたり、我慢したりする方法は、僕はよくないと思います。人間の欲望に、忠実であるべきだと思います。

そうでなければ、普通の人にはできない。できても長続きしない。やはり、**多くの人にできてこその、時間の使い方**だと思います。

竹之内流時間術で必要なのは、紫の字でスケジュールに書き込む、たったそれだけです。何かをやりたいと思ったら、すぐスケジュールに入れる。それさえできればいいのです。はじめは書き忘れることもあると思います。でも、しばらくすれば、ことごとく書き込むようになるでしょう。なにしろ書きさえすれば、そのタスクを実現できるわけですから、嫌でも記入するようになるはずです。

この時間術を編み出した当初は、別に特別なものだとは感じていませんでした。もちろん、日々の充実感が格段に増したので、上手いやり方を考案した、とは自負していました。けれど、他の人たちも、似たようなやり方をしているのだろう——そう考えていたのです。

ところが、色んな人と話していると、どうも自分のやり方は普通と違う、思った以上に優れたものだ、とわかったのです。

周囲に僕の時間の使い方を勧めてみると、軒並み評判がよい。みなさん実践してくれる。

それなら、一冊の本にして、一人でも多くの人に伝えてみようか……と考えて、本書の執筆にとりかかったというわけです。

臆《おく》せずＮＯと言える、断れる人、になろう

時間の使い方を学んでいて、ひとつ、気づいたことがあります。

それは、「人は、自分のやりたいことをやろうとせず、他人に合わせることが多い」ということです。

特に、われわれ日本人は、その傾向が強いと思います。

欧米の人などは、自分の趣味に費やす時間や、家族と共に過ごす時間を、大切にする人が多いです。相手のスケジュールを断ってでも、自分の都合を優先させるケースもあります。

しかし、日本人というのは、相手のスケジュールに合わせる場合が多いです。上司や取引先のスケジュールより、自分の都合を優先させることなどまずない。

なにしろ、『ＮＯと言える日本』や、『断る力』といったタイトルの本が、ベストセラー

になる国民性です。相手からの要望も、なかなか断れない。「これをやっといて」と言われたら、他に仕事があっても引き受ける。そうやって、どんどん引き受けてしまうから、頼む側もまた頼む。

家族との旅行や食事の予定より、相手のスケジュールを優先させてしまう。自分の職務とは直接関係ない仕事まで引き受けて、心も体も頭の中も、忙しくなってくる……そんな悪循環に陥っている人も、少なくないと思います。

しかし、竹之内流時間の使い方を採用すれば、もう大丈夫です。

NOと言える人、断れる人に、なることができます。

というのも、僕の編み出した時間の使い方は、やりたいことを、次々とスケジュールに入れていく方法だからです。

相手のスケジュールに合わせてしまうのは、国民性やその人の性格が、一番の原因だと思います。それらに加えて、「手が空いていたから」「自分のスケジュールは後で埋め合わせができるから」といった理由もあるでしょう。要は暇だから、特にやることがないから、ということです。

でも、何か頼まれたり誘われたりした時、スケジュール帳がタスクだらけだったらどうでしょう。

毎回とはいわないまでも、自分のタスクのほうを優先させるケースが、必ず出てくるのではないでしょうか。

つまり、やりたいことを全てスケジュールに入れれば、「このタスクを達成させたい」との気持ちが、日に日に盛り上がってくるのです。

で、実際に、「相手のやりたいこと」ばかりではなく、「自分のやりたいこと」も、やるようになる。**主語が他人ではなく、自分自身である行動が、増えていく**わけです。

考えてもみてください。人によってやらされている仕事とか、相手に合わせて嫌々やっている仕事で、人生の大半を埋めてしまっていいのか。

それとも、やらされている仕事も合わせている仕事もあるけれど、自分のやりたいこともしっかりやって、人生を過ごすのがいいのか。

人生を終える時、どちらが後悔しないか。

おそらく全員が全員、後者を選ぶに違いありません。

しかし、この複雑でわずらわしい人間社会の中で、やりたいことをやって生きるのは難しい。少なくとも、スケジュール管理をしていない人や、凡百の時間術を使っている人には、できない生き方だと思います。

ところが、僕の方法を使えば、やりたいことをやる生き方ができるのです。

やりたいことを、全て、スケジュールに書く。

たった、それだけのことで。

まだ、この時間術を試していない方は、

「そんな、スケジュール帳に書くぐらいで、できるんか?」

と思うかもしれません。だけど、本当にできるのです。

やりたいことを一つだけ書く。これだと、あまり効果が想像できないかもしれません。

でも、20、30と書いていったらどうでしょう。

スケジュール帳を開くと、**紫色**のタスクがびっしりつまっている。こういう状況になれば、「1つぐらい、やっておこう」となる。絶対になる。

で、一番手のつけやすそうなタスクに取り組むようになる。いったん手をつければ、最後までやりたくなるのが人間です。相手のスケジュールとの兼ね合いの中で、実際にやり遂げる。

一度でもタスクを仕上げれば、コツもつかめてきます。5分、10分と分解してスケジュールに入れるやり方にも、慣れてくる。

こうなってくると、日本人の国民性が、今度は良い方向で現れます。なにせ真面目で几帳面。なので、自分の入れたタスクを、着実にこなそうとするわけです。

この段階にくれば、もう市場原理のようなもので、コトは勝手に進んでいきます。やりたいことができたら、その瞬間、スケジュール帳に書いていく。

隙間時間ができれば、それらのタスクを見る。そして、その時一番やりたいタスクをやる。あるいは緊急性の高いタスクをやる。

予期せぬ仕事を頼まれたり、気乗りしない誘いが来たりした場合、タスクの数や中身を確認する。そして、その時々の状況に応じて、タスクを優先したり、相手の都合に合わせたりする。

……このように、社会人として理想的な生き方ができるのです。

能力は時間の使い方によって磨かれ身につく

世にあふれる時間術に関しては、次章で詳しく論じますが、ここで紹介したい本があります。

編集者の長倉顕太さんが書いた、『時間編集術』という本です。

この本は、非常に大事な指摘をしています。かいつまんで紹介すると、次の通りです。

人生にはスタート地点とゴール地点がある。人は、やりたいことを叶えるために、時間、能力、人脈、お金の順番で手にしていき、最終的にやりたいことがやれる。

ゴールの時点で、人は時間、能力、人脈、お金をバランスよく最大限に持っている。でも**スタート時点で能力、人脈を持っている人は少ない。**

しかし、時間だけはみな平等に持っている。

だから、まず時間を使って学んで、能力を身につけろ。そうすれば、人脈もできて、ひいてはお金を稼げるようになる。

これは、本当に素晴らしい考え方だと思います。

よく人脈自慢をする人がいますが、名刺交換しただけでは人脈なんて言えません。単なる知り合いです。

人脈とは、困っている時に助けてくれるとか、相談に乗ってくれるとか、何か力を貸してくれる関係になって、**初めて人脈といえる**のです。

つまり人脈とは、必ずウィンウィン、ギブアンドテイクの状態になる。逆に言えば、自分が何かを与えられる存在でないと、魅力的な何かが無いと、相手にしてもらえないわけです。

僕自身、もともと人脈などありませんでした。でも、色んな事業をやって、結果を残したからこそ、凄い方々が相手にしてくれるようになったのです。

なので、まず能力が無いと、人脈などできない。人脈から探すとか、交流会に通って人脈をつくるとか、全て間違っていると思います。能力の無い人に、本当の人脈はつくれません。

では、どうすれば能力がつくかといえば、時間を使うことです。誰もが持っている「時間」を使い、自分が欲しい能力を身につける。

英語の仕事をしたい人なら英語でもいい。経営者になりたい人ならリーダーシップのことでもいい。

一番効率がよいのは、おそらく全ての仕事に必要な、コミュニケーション能力を身につけることです。

いくら英語の達人でも、人間関係で揉めてしまえば仕事は無くなってしまいます。何か事業を始めても、内輪もめをしていれば、倒産してしまいます。

人間社会を動かしているのは「人間」です。だから、人とのコミュニケーション能力を高めることは、何より大事なのです。

学ぶことの大切さは、のちほどまた述べます。この場で言いたいのは、**「時間を使って何かを学び、能力をつけていく」ことの大切さです。**

……ここで、ちょっと思い出話をさせてください。はるか昔、若かりし日の思い出です。

実は、僕・竹之内教博は、歌手を目指していました。高校生の頃の話です。

僕は小学生の頃から、周囲に「歌がうまい」と言われていました。僕が一節やると皆シーンと聴き入る……ほどではないですが、かなり上手だったとは思います。

とはいえ、中学生の頃までは、「東大に入れる」と言われたほど勉強ができたので、歌手になろうなどとは考えたこともありません。しっかり勉強して、いい学校に行こう、と思っていました。

しかし、高校生の頃、僕は勉強面で挫折します。急に学習意欲がなくなり、学校の勉強が馬鹿らしく、嫌になってしまったのです。

そして、「歌手になりたい」との思いが、にわかに芽生えてきました。アルバイトをしながら歌手になり、いつかヒット曲を出す……そんな夢を描いたのです。

歌手になるチャンスをつかむため、僕はオーディションを受けました。でも、何度受けても結果は同じだったのです。「落選」と……。

僕は絶望しました。そして、くじけてしまったのです。「もう、歌手になることはあきらめよう」と。

青春時代の夢を、断念した僕。

いま振り返れば、順番を間違えていたのです。いきなりオーディションを受けるのではなく、まずボイストレーニングを始めたり、表現力を身につけるレッスンに通ったり、売れている歌手の分析をしたりすることを、やるべきだったのです。

前に紹介した長倉顕太さんの本でいえば、高校生の僕には、時間がありました。だから、その時間を、歌手になるための基礎を養うことに使うべきだったのです。

そして、歌唱力・表現力という能力を身につけて、人脈を広げる場であるオーディションにのぞむ。そこで合格すれば、歌手になってお金を稼げる……。

こうした手順を踏んでいれば、全然違った人生になったでしょう。

本書の企画会議の際、出版社の方から興味深い話をうかがいました。五木ひろしさんや千昌夫さん、森進一さんといった大御所も、無名時代はボイトレに励んだり、クラブで歌って表現力を磨いたりしたというのです。

僕はこの話を聞いた時、**「何事もまず、時間をかけて能力を身につけるべきだ」**という自分の考えに、確信を持ちました。

だから早速ここで書いたわけですが、僕もしっかりボイトレをしていれば、毎年紅白に出て、武道館で公演していたかも……しれません。

時間とはイコール人生であり最も重要なもの

しかし、歌手にはなれなかった僕ですが、いま経営者になって、ついでに言えばユーチューバーにも教育者にもなって、大満足しています。たぶん、歌手になって成功した場合と同じぐらい、充実感を味わっています。

「なぜだ？　なぜ歌手になれなかったのに、こんなに満足してるんだ？」と思い、この前チャットGPTに、「歌手になりたい人の本当の欲望は何ですか」と聞いてみました。

そうしたら、いくつか出てきた**欲望の中に、「承認」と「賞賛」があった**のです。

「ああ、これかもしれない」と僕は頭をかきました。

確かに僕は承認されるのも、賞賛されるのも大好きです。スポットライトを浴びるのも、気持ちがいい。

続けて僕は聞いてみました。

「承認欲や賞賛欲が強い人に、向いている職業は」

すると、何と、美容関係経営者、ユーチューバー、教育者etcと出てきたのです。

「ウワッ！」

僕は思わず声をあげました。今の僕、そのものではありませんか！

かつて歌手を目指していた**僕は、その後も実は、欲望に忠実に生きていた**のです。美容師になったのも、経営者になったのも、ユーチューバーになったのも、欲望があったからこそ興味を持ち、勉強して、成功することができた——そういうことだったのです。

何か大きな夢を掲げて、それに向かって邁進した、というわけではありません。

一見、行き当たりばったりだけれど、実は欲望に沿ってやりたいことを自然にやって、能力を上げて、今の僕がある。

夢を達成することを、目標にしてはいけないのです。自然と夢を実現できるよう、学んでいくことが大切なのです。

先に僕は、願望を実現した人の特徴として、「すべきことを、自然と実行しているところ」と書きました。これと同じです。**やるべきことをやっていれば、夢はいつのまにか近づきます。**

それに、目標に近づくための勉強は、受験勉強と違って楽しい。だって、その目標とは、そもそも自分がやりたいことなのですから。

しかも、じわじわレベルアップしていくと、夢に近づく感じがして、さらに楽しい。ドラクエで、レベルが上がってサウンドが鳴ると、何とも言えない良い気分になるでしょう？　ああいう感覚です。

また、**最終的に、夢を断念してしまったとしても、勉強は無駄になりません。**

なにせ、その期間、「楽しく学んで、人生を有意義に過ごせた」わけです。

それだけで、もうハッピーではないですか。

その時学んだことを、他の分野で生かせることだってあります。例えば、英語の先生になる夢が叶わなくても、英文を読めれば企業で重宝されますし、外国人の友人だってできるかもしれません。きちんと勉強したことは、決して無駄にはならないのです。

そして、しっかり学ぶためには、どうしても時間が必要です。継続は力なり。時間をかけて勉強してこそ、確かな能力が身につくのです。

つまり、**能力、人脈、お金、目標、夢……これら全ての原点であり、出発点であり、根幹であるのが、時間なのです。**

自ら会社を経営していた田中角栄さんは、「人生をいかに充実して生きるかは、ひとえに時間の使い方にかかっている」と言っていたそうです。

その通り、時間の使い方ひとつで、人生は良い方向にも悪い方向にも変わります。ということは、時間とはイコール人生であり、最も重要なものだということです。

第4章

使える時間術とダメな時間術

世にはびこる時間術にだまされるな

僕はこれまで、数々の時間術に失敗してきました。挑戦しては失敗する、ということを繰り返してきました。

なにしろズボラな性格です。あれをするなとかこれもするなとか、そういう厳しいやり方は、取り組む前からもうウンザリします。

で、一応はやってみても、案の定、挫折します。

世に出回っている時間術の大半は、「無駄な時間を削れ」というものです。「どう削ればいいか、こう削ればいい」ということが、いっぱい載っています。

しかし、僕にしてみれば、「こんなの無理だろ」という方法ばかり紹介されている。

その点、**僕は、「時間を削る」なんていうやり方はしません。**

我慢せず、過程も楽しみながら、自然と目標が達成できる……、そんな理想的な時間術です。

スマホのゲームとか、「無駄な時間」は減りますが、削ろうと思って削るのではない。他の有意義なタスクに時間を使うから、結果的にゲームの時間が減っていく、ということです。

「ゲームをやらない」などと自分を律する。これはこれで立派です。意志が強いと思います。

でも、やりたいことを我慢すると、ストレスがたまってしまうのが普通でしょう。そうなれば、「無駄な時間」どころか、「不快な時間」を過ごすことになってしまいます。

ストレスがたまるような方法では、仮に目標を達成できても、その過程が楽しくなくなってしまいます。第一、**長続きしないと思います。**現に僕はその手の方法に全て失敗しました。

けれど、竹之内流時間の使い方なら、過程も楽しんだうえで、目標を達成できるのです。「やりたいことを、全て、タスクとしてスケジュール帳に書いていく」、たったそれだけのことです。

僕はたくさんの書物を読み漁り、試してみて、失敗してきた。だからこそ、「こんな、ズボラな自分でもできる、良い方法はないか？」と考えるようになった。

そして、いろんな試行錯誤を重ねた結果、今の時間術へと辿りついたのです。

読者のみなさんの中にも、僕のような経験をされた方が、結構いるのではないでしょうか。

「これ、役に立つかな」、という時間術の本を読み、「これは自分には無理だ」と思い、断念する。

一応は試してみたものの、三日坊主に終わる……。

僕自身、みなさんと同様に、失敗を繰り返してきたのです。

そこで、本章では、数多の方法に挑戦してきた僕が、代表的な時間術について検証してみたいと思います。

どれが使える時間術で、どれがダメな時間術なのか？

一緒に考えていきましょう。

まず、多くの時間術の基本ともいえる考え方から、検証してみましょう。

「無駄な時間を削れ」というやつです。

無駄な時間を削って、その時間を有意義なことに使え。そのためにはこうやって削れ……。

書店へ行って、時間術本のページをめくれば、必ずと言っていいほどこの種の文言が書かれています。

「無駄な時間」を削る作業が、まるで時間術の「前提」「常識」になっているかのようです。

では、具体的に見ていきましょう。

①会議の時間を削れ

よく言われていることです。だから一番に取り上げました。

この意見の趣旨は、次のようなものです。

「会議のスケジュールを1時間取っても、実際に話している時間はもっと少ない。その時間が無駄だから、会議の時間をあらかじめ40分に設定すればいい。そうすれば、無駄な20

分を削れる」

確かに会議は、時間のかかるものだと思います。

1時間の会議が30分ちょっとで終わってしまい、残り時間をダラダラまったり過ごす……なんてこともよくあります。

なので、この時間術は、それなりの説得力があると感じます。

しかし、僕はこのやり方をしません。**1時間の会議を40分に減らしたら、必ずその歪《ひず》みがくる**と思うからです。

予定より早めに終わってしまい、グダグダ駄弁ることはあるでしょう。でも、それはそれとして、40分話すより、1時間話すことのほうが、プラスになる面があると思います。

会議に長い時間をかければ、それだけ仲間意識が高まったり、コミュニケーションが深まったりします。極論すれば、駄弁っているだけでも、会議の価値はある、とさえ思います。

会議は短くていい、と言う人は、会議の意義を狭く捉えているのでしょう。つまり、物事を決めるためだけのもの、と。

けれど、会議の意義というのは、それだけではないと思います。

社員の行動を改善したり、会社のまとまりを強固にしたりするのも、会議の重要な意義なのです。むしろ、こちらのほうがメインだと、僕などは考えます。

単に、物事を決めるだけでいいなら、優秀な人が１人で決めて、「これでいきましょう」と報告すれば済みます。だけど、会社はそういうものではありません。

自分はこう思う、それは反対、もっとこうしたほうがいいんじゃないか……等々、会議をすれば意見が出ます。そうして**話し合いを尽くし、最終的には全員が納得して、確かにそれだったらいけるよね、という雰囲気を作り出すのが会議なのです。**

実際、そういう雰囲気ができると、社員がみな自主的に動くようになるわけです。

人間には、人から決められたことは積極的に動かなくても、**自分で決めたことは責任を持って動く、という習性があります。**

だから、会議で意見を出し、その結果決まったことに対しては、社員は責任を持って動きます。そういう状態をつくり出すために開くのが、「会議」なのです。

なので、１時間を40分に減らしたら、会議の意味がなくなってしまうと思います。みんなで話し合う会議ではなく、単なる報告会、決定機関みたいになってしまいます。そんな集まりなら、むしろ、最初から開かなければいい。メールで十分です。
僕なら、1時間を40分に短縮するどころか、0分にできます。だって、そんな会議、必要ありませんから。

②YouTubeを1・5倍速や2倍速で見る

最近よく聞くこの時間術を検証しました。

大人から子供まで、みなさんYouTubeを視聴しているご時世です。僕自身、「竹之内社長の波乱万丈」というチャンネルを開設していますし、人気番組の「令和の虎」に出演しています。

YouTubeは、テレビよりも便利な面がたくさんあります。切り取りもできますし、見たいところだけ見る、という機能もテレビより優れています。

そんな便利なYouTubeを、さらに効率よく見るために、1・5倍速や2倍速で動画を見る、というのがこの時間術です。

視聴時間を短縮して、「無駄な視聴時間」を削っていく、というわけです。

今度は結論から書きましょう。僕なら、この視聴時間も０分にできます。

僕はYouTubeを見て勉強することがよくあります。良質なコンテンツがたくさんありますから、学生の頃よりももっと自主的に、多くのことを学んでいます。

そんな時、**僕は例えば15分の動画を、30分、40分かけて視聴します。**

なぜかというと、途中で止めて考えたり、検索したり、少し戻って見直したりするからです。そうしないと、むしろ効率が悪いです。

ここはちょっと無駄かな、と思う部分を早送りしたり、飛ばしたりすることはあります。でも、何ヶ所か飛ばしても、残りはじっくり見ます。

実際問題、YouTubeの動画を１・５倍速や２倍速で見て、理解できる人はどれだけいるでしょうか。僕は少ないと思います。

普通の人は、そんな速さで動画を見ても、戻して見返したり、よく理解できずに最初から見直したりするでしょう。で、結局、時間短縮にはならないと思います。

そもそも、２倍速なんかで動画を見たら、楽しくないのではないでしょうか。

竹之内流時間の使い方では、映画やテレビ番組を、分解してスケジュールに入れる、と説明しました。例えば「映画を観る」とスケジュールに入れ、隙間時間の5分、10分を使って観ていくわけです。

観終わるまで、そのタスクは残しておく。しかし、5分、10分と細切れにはしても、早送りはしません。「間」や「ため」といった微妙で重要なニュアンスを、台無しにしては映画を楽しめないからです。

YouTubeと映画とは違います。だけど、番組を作っている人は、「これぐらいのスピードが、最適だろう」と判断して、動画をアップしているはずです。

それを**一気に速めてしまったら、映画の間《ま》を早送りするのと同様に、本質が伝わらない、理解できないところが出てくる**と思います。

多くの人にとって、1・5倍速や2倍速にしても理解できるのは、自分が精通している分野のことや、「ながら視聴」でかまわないような番組でしょう。

だったら、最初から見なければ、視聴時間をゼロにできます。もともと詳しいならYouTubeなど見ず、専門書などを読めばいい。ながら視聴で問題ない番組なら、最初から見なければいいのです。

ところで僕は、YouTubeで学ぶ時、お茶を飲みながら見ています。リラックスして、集中できます。

けれど、２倍速で焦って見たら、気が抜けないからお茶すら飲めないのではないでしょうか。

で、見終わった後、「ちょっと疲れたから一息つくか」とか言って、お茶を飲むのではないでしょうか。

ということは、せっかく短縮した10分、20分の時間は、お茶する時間に消えていくのではないでしょうか。

それは、「無駄な時間」にあたらないのでしょうか。

気になります。

③1週間、自分がやってきたことを15分単位ぐらいで全部書いて、それを仕分けしていく。そして、無駄な時間と無駄でない時間に分けていけ。
なかなか興味深い時間術ですが、うーん？


これは、洗濯したとか、風呂に入ったとか、ボーっとしていたとかも全て書く、という方法です。有名インフルエンサーの方も紹介しているやり方です。

その方が言うには、これをやっていると嫌になってくるそうです。

なぜかといえば、自分がいかに「無駄な時間」を過ごしてきたか、わかってしまうからだと。


スマホを何となく見ていた時間が30分、などと書くのが嫌になる。でも、そういうことも含めて全部正直に書き出せば、最終的には無駄な行動が全て省ける、というわけです。

例えば、一週間分の記録を見て、スマホに時間を使い過ぎたと感じたら、そのことを意識し始める。そうなれば、スマホを見る回数が減っていき、無駄な時間が削れる……というメカニズムです。

このやり方は、一見、良い時間術だと感じられます。

自分で無駄だと判断すれば、そのことをやりたくなくなる。これは、理にかなっているように見えます。自然に、「無駄な時間」を削れそうにも思えます。

しかし、普通の人間に、こんなことができるでしょうか？

スマホをいじる時間が長い。これは、他人からは無駄に見えても、その本人にしてみれば、娯楽やストレス解消になっているわけです。

あるいはボーっと窓の外の木を見ていた。これだって、見ている本人にしてみれば、そうやってリラックスしているから、無駄では無いから見ているわけです。

スマホにしても木を見るにしても、それ以上に楽しいことが他にないから、やりたいことがないからやっている。

要は、その人たちにとって、それらの行為が一番やりたいことだから、やっているのです。

そういう普通の人間の心理を、この時間術はわかっていないと思います。

ストイックで、意志が人一倍強い人なら、自分のやったことを記録して、「無駄な時間」

を省くことも可能でしょう。で、無駄な行為をほぼやらず、生活していくのかもしれません。でも、僕のような凡人には、そんなことはできません。また、やろうとも思いません。

僕は、スマホをいじりたくなったらいじります。木を見てボーっとしたくなったらそうします。

そういう時間が無駄だと思っていませんし、やりたいことをやるのが人間だと思います。だからこそ、やりたいことを我慢せず、スケジュールに入れ、タスクとして実行していく時間術を編み出したのです。

無駄と見なした時間を切り落とし、「意味のある」時間のみで人生を過ごす。僕には、このような人が、失礼ながらロボットのように見えてしまいます。

人間とは、感情を持つ生物です。本能もあれば、欲望もあります。しかも、これらの感情や、本能や、欲望から出た行動は、たいてい「無駄な時間」です。

それを省いてしまったら、はたしてその人は、幸福なのでしょうか?

僕は時間術を、楽しく人生を歩むための手段だと捉えています。楽しく、幸せに暮らすことが目的なのであって、時間術はそのための手段です。

何かの目的のために、やりたいことを省いていく。これでは人生、楽しくないと思います。仮に目的を達成できても、それまでの時間がつまらなければ、トータルで見て幸福度が低くなってしまうでしょう。

僕が学んでいるユダヤ教育においても、「条件つきの幸せの定義は、絶対してはいけない」と教えています。

これが達成できたら幸せだ、と条件をつけたら、達成できるまでは幸せではないし、幸せでなくてもいい、となってしまいます。

目的を達成すれば、確かに大きな喜びが来る。でも、その喜びというのは、あまり長く続かないものです。

人間とは欲張りですから、もっとこうなりたい、もっとこうしたい、と欲望が次々と出てきます。で、達成した時の喜びは、すぐに消えていく。

つまり、**「無駄な時間」を省く時間術は、一瞬しか楽しめない目標達成の喜びのために、他の楽しいこと、幸福感をも全て省いてしまう**わけです。

一方、僕が考えた時間の使い方はどうでしょう。スマホいじりもボーっとすることも排除せず、その時点で一番やりたいことをやっていく。その過程も楽しみながら、目標を達成できるのです。

どちらが人間の本能に根差しているか、幸福度が高いやり方か。

その答えは言うまでもないでしょう。

④人間は、朝起きて2、3時間が一番集中できる。起きたらすぐ日光を浴びるかシャワーを浴びて目を覚まし、そこから2、3時間の間に集中すべき仕事、頭を使う仕事を入れよ。メールチェックなど単純作業は夕方にせよ。

集中力が切れたら、60~90分、散歩などの有酸素運動をせよ。そうすれば、また頭がリフレッシュして、集中力が復活する。

精神力が必要な時間術を検証した後は、体を使う時間術を検証してみよう。

もう、書いているそばから、「俺には無理や」と思ってしまう時間術です。読者の方も、僕と同じではないでしょうか。

朝起きて、日光を浴びる、シャワーを浴びる。そこまでは、まあいいです。でも、そこからいきなり仕事をする人って、世の中にどれだけいるでしょう？

自宅で仕事をしている一部の人を除けば、朝の２、３時間は、通勤時間や支度をする時間ではないでしょうか。

ところが、この論者は、「早く家を出て、会社近くのカフェで仕事をすればいい」というのです。

いや、ちょっと待ってください。普通の会社員の人が、給料にもならないのに早起きして、プライベートの時間を使うなんていうことを、するはずがありません。それに、会社近くにカフェのたぐいがなかったら、どうするのでしょう？

また、メールのチェックが単純作業というのもおかしい。

メールは今や、取引の重要なツールです。どうやって返そうか、しっかり頭で考えて、返信すべきです。つまり、単純作業ではなく、頭を使う仕事なのです。

返信ひとつで商談が決まることもありますし、ビジネスが広がることもしばしばあります。逆に、いい加減な返信をしたら、仕事を失うこともありうるのです。

メールチェックを夕方にやれ、というのもナンセンスです。

だって、レスポンスが遅くなるではありませんか。

会社が終わる1、2時間前に返信した。返事が来た。これで終わるなら問題ない。でも、やりとりが終わらず、翌日に持ち越されることもあるでしょう。やりとりの過程で、また新しいタスクが発生することもある。

しかも、夕方にやりとりを始めると、場合によってはプライベートの時間にも食い込みます。無駄な残業そのものです。

なので、**メールのチェックを単純作業と思っている時点で、僕は違和感を抱きます。**単純作業は迷惑メールの削除ぐらいで、メールは頭を使う仕事なのです。

仕事の合間に散歩をするのは良いと思います。とはいえ、毎日60分も90分も、散歩をできる人がいるでしょうか。精神的にも体力的にも、職場環境的にもこんなことは無理です。

時間術全般にいえることですが、「あれをするな」とか「これをしろ」とか、そういう厳しいルールが多い。

でも、時間術本を手に取るような人は、自分ではなかなか無駄を減らせない、厳しくできないと思っているわけです。だから、「何かいい方法ないか」と、自分でもできそうなやり方を探すのです。

それなのに、早起きして出社前にカフェで仕事をしろとか、毎日1時間以上も散歩しろとか言われても、できるはずがない。それができる人なら、時間術の本など読まないはずです。

僕はズボラな人間です。早起きカフェも1時間の散歩もできない。やる気もない。そういう人間だからこそ、自分を律する必要の無い、単にスケジュールに入れればよいだけの、竹之内流時間の使い方を編み出したのです。

僕の時間術なら、そんなに厳しくないから大丈夫です。早起きも、散歩時間を確保することも、必要ありません。

ただ、スケジュール帳にやりたいことを書くだけで、事足りるのです。

⑤まず1年後の目標を決めよう。そして、その長期的な目標に対して、中期、短期と棚卸しをしていこう。

これは、なかなか論理的な時間術ですね。

これは、よく耳にする時間術かもしれません。長期的な目標を立て、それを叶えるためにはどうすればいいか、逆算して行動していくというものです。

この考え方自体は、理にかなっていると思います。短期的な目標が、長期的な目標に結びつく……というのも、自然に最終目標を達成する感じで、興味深いと思います。

ところが、この時間術には、根本的な粗《あら》があります。

それは、「目標を持っている人は、実は少ない」ということです。

自分が今やりたいことをやり始めて、「面白い、自分に合ってる」と感じる。すると、その先のイメージが湧いてきて、「これをやりたい」と思う。

目標とは、多くの場合、こうして生まれることが多いのです。

例えば、英語が得意かどうかもよくわからない状態で、「自分はいつか英語教師なりたい」と思う人はいないでしょう。英語をある程度やってから、よくできると褒められたり、いい点数をとったりして、はじめて「英語の教師になろう」と思うわけです。

だから、そもそも目標が無い人に対して、「まずは目標を立てましょう」と言っても無意味です。

3年後には、英語の通訳になりたいとの長期的な目標があったとします。この時間術では逆算していきますから、1年後には、日常会話ぐらいはできるレベルにならないといけない。

1年後に会話ができるレベルなら、1か月後はどうでしょう。よくわかりませんが、英単語を1000種類ぐらい覚えていればよいのでしょうか。

1か月で1000種類なら、1日ではどうか。1日30種類以上の英単語を覚えなければなりません。

そんなこと、普通の人には無理でしょう。月100種類、日に3、4種類でも、難しいと思います。

忙しすぎて、英単語を3つ覚えられなかった。取り返すために、明日6つ覚えなければならない……となると、全ての歯車が狂い始めます、で、結局、途中で断念してしまう……そんな未来が目に見えるようです。

このように、目標を棚卸ししていって、日々に落とし込むというのは、計画としては面白いですが、実行するのは困難だと思います。

そもそも、目標を立てること自体が崩れるから、時間術の本を読むわけです。そういう普通の人たちに、ち密な計画の時間術をやれといっても、できるはずがありません。僕だってできません。

自分が今やりたいことを、一歩でも進める。僕は、それが大事だと思います。いつまでに何をやるなんて、決めなくてもいい。

一歩でも進めて、それが本当にやりたいことなら、人は一気に集中します。好きであればあるほど集中し、突如として猛勉強を始めます。

逆に、一歩進めてはみたものの、さほどやりたくない、自分に合っていないと思えば、自然とやめます。それが人間というものです。

僕だって、ある意味行き当たりばったりで生きてきて、今こうなっているわけです。やりたいことを手当たり次第スケジュールに入れ、タスクとして実行してきた結果、仕事もプライベートも充実していったのです。

また同じ例で恐縮ですが、ドラクエは、ラストに近づくと、もうやめられなくなります。人の目標もこれと同じで、近づくほどに集中力が増していきます。

これ達成できそうだ、と思ったら、一挙に畳みかけていく。急激に、右肩上がりの曲線になるわけです。

１年後、半年後、１か月後、と目標を棚卸ししていっても、なかなか実行できません。目標のイメージも湧きにくい。

しかし、僕の時間の使い方なら、タスクを一歩一歩進めていくうちに、自然と目標に近づいていく。そして、終わりに近づくと、自然に急速に上っていき、目標を達成できるというわけです。

第5章

スケジュール管理の成功の先に見えるもの

任せる力「ヘルプシーキング」の魅力

竹之内流時間の使い方を採り入れれば、やりたいことがどんどん実現していきます。

すると、さらにやりたいことが出てきて、スケジュール帳が埋まっていくと思います。スケジュールに入れたタスクが、はじめは2つ、3つでも、次第に10、20と増えていくわけです。

そういう状態になると、おのずと次の段階というか、1つ上の段階へと進んでいきます。**「ヘルプシーキング」**という技術です。

これは、人を頼ったり、「助けてくれ」と人にお願いしたりする技術です。イコールではありませんけれど、「人に任せる」ということも、類似の作業です。

タスクが少ない段階では、自分一人で問題なくこなせます。だから、ヘルプシーキングは不要です。

しかし、スケジュール管理が上手になると、タスクがあふれてきます。そうなると、新たな局面を迎えます。

映画や読書といった人に任せられない願望タスクは別として、仕事のタスクは人に振ったほうが効率がよい、というケースが出てくるのです。

スケジュール管理の際に説明した、「人にボールを投げる」という発想も、根っこは同じです。

人を頼るとか、人に任せるとかいうと、「人に任せてまで自分のやりたいことをやるのは違うんじゃないか」「わがままじゃないか」との声も聞こえてきそうです。


でも、それは誤解です。

ヘルプシーキングとは、一つの能力です。「ちょっと仕事がいっぱいいっぱいなので、助けてくれ」と、しっかり言うことができるのは、能力なのです。それも、ハイレベルな能力であり、技術なのです。

「仕事を任せる」、これは、経営者が社員へ、上司が部下へというイメージです。しかし、同僚同士でも、仕事を任せ合うケースはしばしばあります。

その意味で、ヘルプシーキングという技術・考え方は、様々な立場の社会人に役立つといえます。

そこで本章では、時間術の応用編として、まずヘルプシーキングを説明したいと思います。

僕が経営者として日々の仕事の中でやっていることや、経験したことを、事例として挙げていきます。


人に仕事を任せれば、自分は楽になる。

これ、よくある誤解です。

人に仕事を任せると、実際には忙しくなるケースが多いのです。

もちろん、最終的には楽になりますが、そこにいくまでは、忙しくて大変です。

なぜかといえば、任せた後、「人に教える」という作業が発生するからです。

任せたら、ちょっと教えてそれっきり……というのでは、任せてもうまくいきません。

しばらくの間その人に寄り添って、報告をこまめに聞くことが大事です。そのほか、褒めたり、考えさせることをしたり、一緒に考えたりする時間も、つくらなければなりません。

仕事の教え方にも、細心の注意を払う必要があります。

間違っても自分の考え方を押し付けたり、相手の考えを訂正したり、否定したりしてはいけません。

山本五十六元帥の有名な格言に、「やってみせ　言って聞かせて　させてみて　ほめてやらねば　人は動かじ」というのがありますが、まさにこの通りです。人に仕事を任せることは、簡単なことではないのです。

例えば読者の方が、部下であるＡさんに、仕事を教えているとしましょう。もしＡさんがミスをしたらどうすればよいか？

怒鳴ったり、説教したりは論外です。じっくり言い聞かせる、というのも正解ではありません。

では、どうすればいいのか？

正解は、「どうしてそうなったんだろうね？」「その時、相手はどう考えていたんだろうね？」などと聞くことです。

要は、ミスの原因を、自分で考えさせるような質問をすればよいのです。

なぜなら、人間の本質には、「自分で考えたこと以外は、行動に移さない」というものがあるからです。

何で失敗したのか自分で考えて、答えを見つけ、修正する。この作業を繰り返すほどに、その人はレベルアップしていきます。やがて、「任せても大丈夫な人」へと成長します。

教える立場にある人は、この流れを意識すべきです。

手取り足取り指導したり、マニュアルに頼りすぎるばかりではダメ。あくまで自分で考えさせること。

そのためのヒントを与えるのが、教える側の役目です。

また、失敗に対し、それは間違いだと指摘するのは危険です。

人は誰しも叱られたくない。なので、ミスを指摘されると、「叱られないようにしよう」との気持ちが真っ先にきてしまいます。

そうなると、「間違った行動をしては、叱られてしまう」との意識に縛られ、自由にチャレンジできなくなってしまうのです。

人は育つ時、チャレンジがとても重要です。自分で考えたことを試したり、失敗したりして、人は育っていくわけです。

例えば、顧客に売り込む際、「こういう言い方をしてみよう」と試してみる。で、失敗したら反省し、「次はこう言ってみよう」とあらためて考える。こういうことを繰り返すうちに、いつか当たりが出て、その人も成長するわけです。

しかし、ミスするたびにいちいち怒られていたら、どうなるか。自分で考えることをせず、「どうすればいいですか」と聞いてくるようになるのです。「言う通りにやったら怒られないだろう」などと、妙な知恵を働かせるわけです。

で、「このやり方では契約をとれそうもないけど、怒られたら嫌だから、言われた通りにしよう」なんて考えながら仕事をする。こうなったら終わりです。人は成長しませんし、任せることもできなくなります。

どれだけ失敗してもいいから、いくらでもチャレンジしてよい。

人を指導する際は、まずこう伝えるとよいかもしれません。失敗は成功のもとなのですから。

そして実際に、チャレンジさせてみる。**ミスした場合は否定せず、細かく教えたりもしない。なぜ失敗したのか、自分の頭で考えさせるの**

です。

多少、時間がかかったり、失敗の尻ぬぐいをすることがあったりもするでしょう。けれど、このやり方だと必ず人は成長し、完全に任せられる存在になります。

急がば回れ。短期的な結果を求め、細かく指導したり尻を叩き過ぎたりすると、人は育ちません。で、結局、自分が仕事を背負い込むことになってしまうのです。

最優秀のビジネスマンといわれる条件とは

教え始めたばかりの頃は、自分が1時間かかる作業なら、指導に1時間半はとられると思います。一緒に考える時間や、ミスした際のトラブルの対処など、もろもろのことに時間がかかるのです。

さらに、その人がやりきる時間が、2時間はかかります。僕の1・5時間と、相手の2時間を足すと3・5時間。自分がやれば1時間で終わることを、のべ3時間半もかけてやるわけです。

こういう状態がしばらく続いた後、ようやくその人は、僕と同じ早さでできるようになります。

そうなると、自分が教える時間はゼロ、その人が作業にかかる時間は1時間、となります。人が成長し、「任せられる」状態になったわけです。

この状態になるまでに、タスクによっては1～2年、かかる場合があります。でも、この**最初の期間にしっかり訓練すれば、1つのタスクばかりでなく、他のタスクも自動的に任せられる人材が育つ**のです。

僕が今、20以上の事業を運営できるのも、人に任せているからです。

竹之内流の時間術でやりたいことをやる。そして、この「任せる力」で、うまく仕事を回しているわけです。

このように、**人を育てる能力も、ヘルプシーキングに含まれます。**基本というか、出発点にあるものです。

ヘルプシーキングの能力が無い人は、最優秀のビジネスマンとはいえません。全部、自分でやろうとする人は、優秀ではあっても、最優秀ではないのです。

また、優秀な人ほど、他人の成長を待てない傾向があります。でも、それではダメです。そういう人に、組織を拡大させたり、チームで物事を成し遂げたりすることはできません。最優秀のビジネスマンとは、個人として優れているのみならず、ヘルプシーキングの技術もある人です。

ごく普通の人材を、どんどん成長させていき、チームの力を最大限に引き出させる。そういう人こそ、最優秀のビジネスマンなのです。

部下を無能呼ばわりする経営者は、自分が無能なのです。そういうやる気のない、能力の低い社員をも育て上げる。

それが、有能な経営者なのです。

きちんと仕事をやらないなら、なぜやらないのか、その心理を理解して、やるような形に持っていく。**人を育てること、その仕組みをつくることは、経営者の大事な仕事です。**

読者のみなさんも、本書で紹介した時間の使い方や、ヘルプシーキングのノウハウを活かし、最優秀の人材になってほしいと思います。

「人を育てる」ことに関連して言いますと、優秀な人材を雇おうとする人も、さして優秀ではないと思います。

口はばったいですが、僕はどんな人であろうとも、一流に育て上げることができます。だから、「優秀な人」を採用したことがほぼありません。

それでも僕は20以上の会社を経営し、それぞれ利益を出しています。人をしっかり育成し、仕事を任せてきたからです。

事業が拡大すれば、自然と優秀な人が集まります。好循環が生まれるわけです。

リクルートやグーグルも、創業時から逸材ぞろいだったわけではないと思います。ごく普通の人材が、一流へとレベルアップしていった。ヘルプシーキング、育てる力に長けた社長らがいた。そう考えるべきです。

「食パン界のシャネル」はヘルプシーキングの成功例

僕が経営している会社の中で、ヘルプシーキングの成功例は、「食パン界のシャネル」

こと、韓国の食パン専門店のケースです。

最初は、お店の立地探しからスタートしました。現場の責任者であるキムさんが、「この場所がいいと思います」と、案をいくつか持ってくるわけです。


僕はリラクゼーション会社の「りらくる」を、600店舗まで拡大させた経験を持っています。そのうえ、日本のどんな場所で食パン店が流行っているかも、よく知っています。対してキムさんは、韓国の地理や雰囲気には詳しい。でも、僕のような、店舗運営の経験はない。パン屋の事情に詳しいわけでもない。「だいたいこういう条件で」と僕が指示したのを受け、店舗を探してくるのです。

だから、本当は僕が探したほうが早いのですが、あえてキムさんに任せました。**キムさんを育て、任せられる存在にしたいという、ヘルプシーキングです。**

キムさんが選んできた立地を見て、「ちょっとこれは違うな」と思っても、そうは言わない。「もっとこういうのを探してきて」とも言わない。


僕はまず、お礼を言います。「ありがとう、ご苦労様。なかなか良さそうな立地ですね」

と。そのうえで、僕が違和感を覚えた部分を、質問の形で伝えます。「実は、日本のパン屋では、こういうところでうまくいっていて、こういうところで失敗しています」と言って、データを見せる。

次いで、「それでも、この立地でいけそうか、ちょっと考えてみてください」と、ボールを投げるのです。

するとキムさんも、「確かにこれだと、あまり目立たない場所なので、日本のそのパン屋が失敗しているケースにあたるかもしれませんね」と納得し、「もうちょっとこういうところを探したほうがよさそうですね」と続けます。

僕はそれを受け、「なるほど、それはいい考えですね、じゃあその線で探して、もう一度やりましょう」と答えます。自分で考えさせ、よりよい立地を探せるよう、コーチするわけです。

「この場所で」と僕が指示すれば、即決する話です。しかし、それではキムさんが納得しない。**本人が納得しない状態で、仕事を進めてしまうのは、下策です。**

だから、**わざわざ色んなデータなどを見せる。議論もする。こういうところに時間を**

かけるのです。でないと、人は育ちません。ここを飛ばしてすぐ結果を求めてしまうと、後々もっと大変になります。

キムさんも有能なので、自分で考えて納得したら、もう強いです。2店目からは、店舗選びの達人となりました。

今や、僕よりキムさんのほうがよくわかっていて、彼の選んだ立地は全て当たっています。もう、安心して任せています。

これが、「任せる力」、ヘルプシーキングの威力です。

韓国の食パン専門店では、直営でやるか、フランチャイズでやるかという問題もありました。

僕は直営派。何より、利益率が高いからです。600店舗を数えた「りらくる」も、直営でやっていました。

ところがキムさんは、「フランチャイズのほうがよい」と言うのです。その理由を聞いてみたところ、日本人と韓国人の気質の違いを教えてくれました。

「韓国人は、店長であっても雇われでは、日本人みたいに気持ちを入れて営業しないんです。自分のお店でないとダメなんです。実際、直営店を３店舗やりましたが、うまくいっていないところがあります」

僕はなるほどと思い、フランチャイズのメリットも聞いてみました。

「そうすれば、自分のお店になるので、韓国人は必ず頑張ると思います」

僕はその意見に納得し、フランチャイズでいくことを決めました。

実際、フランチャイズは成功し、今も非常にうまくいっています。「キムさんの言う通りにしてよかった」と思う今日この頃です。

教えて、考えさせれば能力はバッグンに身につく

教えて、学べば、誰でも能力が身につく——といった書き方をすると、そう簡単に能力は身につかない、との意見も聞こえてきそうです。

しかし、**きちんと教えてしっかり学べば、本当に誰でも身につく**のです。

例えば、身内の話で恐縮ですが、**うちの娘の例を挙げます。**

僕の娘は大学生ですが、これまた大学生を雇って事業をやっています。学業があるので、土日だけの営業です。

大学生ゆえ当然、営業経験はゼロ。その他、ビジネスの経験も蓄積も皆無です。

ところが、これ本当ですよ、週2日の営業で、月100万円以上も稼いでいる学生が、何人もいるのです。

普通のサラリーマンで、月に100万円以上稼いでいる人は、そんなに多くないでしょう。営業のベテランでも、月100万の壁を越えるのは大変です。

それを、オッサン臭い言い方をすれば学生の分際で、あっさり越えてしまっているわけです。

なぜ、こんなとんでもないことができるのか。

そのカギは、僕の娘の社員教育にあります。

娘は他の学生に教える時、マニュアルをつくったり、こうしなさいと指導したりしていないのです。

そう、僕と同じように、考えさせているのです。

失敗してもいい、絶対怒らないからと言って、自分で考えさせる。チャレンジさせる。それを繰り返しているうちに、学生たちはコツをつかんでいく。自分のやり方を編み出していく。

その**結果、月収１００万円などという、ふざけた（？）学生営業マンたちが生まれていったということです。**

生まれつき営業の才があった子も、中にはいるのかもしれません。でも、何人もバカスカ稼いでいるとなると、これはもう教育の成果でしょう。

経験・蓄積ゼロの学生でも、教育次第でここまでいくわけです。だから、**教え方さえ間違えなければ、誰でも能力は身につきます。**心配いりません。

教える際に重要なのは、考えさせること。そして、否定してしまったり、自分の考えを押し付けたりしないこと。

この原則は、チームを育てることにも当てはまります。

僕はユダヤ教育の一環として、沖縄合宿をやっています。僕はその中で、参加者が行う実践コンテンツの企画を、参加者自身に考えさせたことがあります。

もちろん、時間という意味だけでいえば、僕自身が考えたほうが早いわけです。しかし、考える力をつけさせるため、わざと参加者たちに振ったのです。


僕は提案しました。

「新しいコンテンツをやりたいと思います。その目的は、積極性を養うということです。積極的であることが、どれだけ大事か。それがわかるようなコンテンツにしたいです。できれば体を動かすようなもので、しかも全員が当事者意識を持って参加できるような企画がよいです。**みなさん、アイディアをください！**」

すると、こんなアイディアが出ました。

「あるテーマについて全員で議論して、発言する際は手を挙げるようにします。そして、5回以上意見を言った人から、合格という形で抜けて行ってもらうのはどうでしょうか？」

僕はこの意見を、まだ不十分だと思いましたが、否定はしません。賞賛できるところを探して、まず褒めます。

「素晴らしいアイディアをありがとう。確かにこれは、積極性がいかに大事かわかってもらえそうだね」

続いて質問します。

「ただ、もう少し、全員が体を動かせるようなのはないかな？　体を動かすことで、活気も出るし、当事者意識もより芽生えやすくなると思うんだよ」

ここで、やってはいけないのは、「それだと体を動かす作業にならないよね？」などと言うことです。これでは「否定」になってしまいます。

次に、こんなアイディアが出ました。

「では、たくさんの人が同時に手を挙げた場合、１番目立っている人を指差すのはどうでしょうか？　これであれば、おそらく体を動かしてアピールするようになるはずです」

これは面白いアイディアです。ノリノリで、僕もやってみたくなります。

……とまあ、このように、みんなに考えさせ、みんなに意見を聞くわけです。これを繰り返していけば、自然と良いアイディアが出るようになります。そして、チーム全体が、レベルアップしていくわけです。

ここで**注意したいのは、アイディアの中身でなく、「アイディアがあると発言すること」自体が大事だと、念入りに伝えること**です。

どんな未熟なアイディアでもよいから、とにかく発言しなさい、と。それをベースにこちらがどんどん質問するから、ブラッシュアップしていけるのだ、と。

意見を言わない人や、言うのに踏ん切りがつかない人は、未熟なアイディアは出しちゃダメ、と思っています。

完璧なものが浮かぶまで、提案すべきでないと思っているのです。

しかし、未熟なアイディアでも、試行錯誤や質疑応答を繰り返していけば、自然と良くなっていくものです。人が育っていくように、アイディアも育っていくのです。

だから、ある程度は形のあるアイディアが浮かんだら、どんどん提案していくべきです。完璧だと思ったアイディアだって、どうせ是正されるのですから。

粗いアイディアを出す→質問されて考え直す→改良したアイディアを出し直す→また質問

されて考え直す→再び改良したアイディアを出す→褒められて採用される……こういう経験をすれば、その人は成長していきます。積極的に意見を言う人間になるわけです。

これが、ヘルプシーキング。人を育てるプロセスです。

そして、こうして育っていった人たちが、仕事を任せられる存在になるのです。

任せられる人が増えれば増えるほど楽になる

もう一つ、沖縄合宿がらみの例を挙げましょう。今度の主役は参加者ではなく、うちの秘書です。

ある日、僕は秘書に頼みました。

「ユダヤ教育の沖縄合宿を宣伝したいから、質問フォームをつくっておいて」

いったん任せてしまったら、もう任せっぱなし。ここはどうすればいいか、などと聞かれても**「全部任せるよ」で終わり。そんな人が多い**と思います。

せっかく任せたのに、いちいち聞かれるのは面倒ください、それじゃあ自分でやっているのと変わらない……というわけです。
僕自身、かつてはそうでした。

では、今回のような、部下に任せたケースではどうすればよいのか。答えを明かしていきましょう。

人に何かを任せると、途中で何か聞かれるケースがほとんどです。この線でよいかチェックしてほしい、これはどうしたらいいのか、等々の質問が来ます。
沖縄合宿の質問フォーム作成の時も、秘書が「チェックしてほしい」と言ってきました。そこで、グーグルで作成されたそのフォームを見てみると、「氏名　メールアドレス　質問内容」という項目が並んでいます。

僕は、電話番号も入れておいたほうがいいな、と考えました。
でも、「電話番号の記入欄も入れといて」と指示したりはしません。そうすれば、話は早く進みますが、任せられた秘書が成長しないからです。

僕が何と言ったか、ここまでお読みになられた方はおわかりだと思います。

「つくってくれてありがとう。メールアドレスも質問内容もちゃんと入ってるね……電話番号を記載してもらう必要はなさそうかな？」

感謝して、否定せず、考えさせるわけです。

すると、秘書はこう言いました。

「記載したほうがよさそうですか？　必要であれば記載しておきます」

はい、ここでもお察しの通り、じゃあ記載しといて……なんて言いません。それでは考えさせることになりません。

「どうだろう……どう思う？」

こうやって、考えさせるのです。それが大事なのです。

そして、僕が答えを持っていると思わせないことです。僕も本当にわからないから意見がほしい、との姿勢を貫くことです。

そうでないと、任せられた側は、「考える」ことよりも、「任せた側の持っている答えを引き出す」ことに注力してしまいます。

それでは考えさせることになりません。

秘書はしばらく考えてから、次のように答えました。その後のやりとりも含め、一挙に記します。

「私は電話番号を入れるとなると、少しハードルが高くなる気がしていて、レスポンスの数も減っちゃうんじゃないかなと思って、だから今回は省こうかなって思ったんですけど……」

「なるほど、確かにそうかもしれないね。僕が電話番号を記載したほうがよいと思ったのは、メールをしても気づかない人や、迷惑メールに入ってしまう人に対して電話ができるし、ショートメッセージで確実に返信することもできるかな、って思ったからだけど、それについてはどう思う？」

「確かにそうですね！　では、電話番号も取得するようにします」

「でも、君が言ったように、レスポンスが減っちゃうかもしれないよね？　その部分はどうする？」

「う〜ん……。レスポンスが減るよりも、どちらかというと連絡が取れないことによる損失のほうが大きい気がします。電話番号も記載するようにします」

「オッケー！　じゃあお願いします」

こうして、質問フォームに電話番号の項が追加されることになったのです。

僕は経験上、電話番号は記載したほうがよいとわかっていました。

しかし、いきなり**「電話番号も載せろ」と言ってしまっては、秘書に考えさせることができません。**

ひいては秘書が「任せられる人」になりません。

なので、わざわざ、こんな遠回りをしたのです。こうすることで、次に何かを頼んだ時、秘書は最初から「ある程度は任せられる人」になっています。考えるクセがついているわけです。

そのうち、「ある程度」から「かなり」へと昇進し、最後は「完全に任せられる人」に成長するということです。

目先の時間だけを考えれば、自分でやったほうが早い。でも、急がば回れなのです。中長期的なスパンで見れば、**結局、人を育て、任せたほうが楽。任せられる人が増えれば増えるほど、自分が楽になる**のです。

まさに、ヘルプシーキングの醍醐味です。

「学び」こそ、全ての原点。わかっているけど、難しい

時間の使い方の応用編として、ヘルプシーキングについて述べてきました。
応用の次は、「原点」に回帰したいと思います。
時間をどう使うか、ということです。
時間の使い方をマスターすれば、毎日が濃くなり、人生を有意義に過ごせます。
タスクをスケジュールに書き込むこと自体が、楽しくなっていくでしょう。
しかし、時には「やりたいことがない」という状態になってしまうかもしれません。

仕事のタスクは残っているが、少ない。緊急性が高いものも無い。読みたい本やマンガは全部読んでしまって、新しく読みたいものは特に無い。映画もテレビも、観たいものは特に無い。時間はあるのに、何をすればいいかわからない……。
人生も、僕たちの頭も感情も、複雑なものです。一筋縄ではいきません。こういうエア

ポケットのような**「空白の時間」が、やってくることもある**でしょう。

こういう場合はどうしたらよいか。

それを、これから書いていきます。

結論から書きますと、僕は「学ぶ」ことがよいと思います。何をすればよいのかわからない。将来の夢も特に無い。何か身につけたいことがあるわけではない。読みたい本や観たい映画も別に無い……こういう場合は、とにかく何でもいいから、学べばよいのです。

そもそも人間という生き物は、「学ぶ」ことがメチャクチャ楽しいと思うようにつくられているのです。

単に「楽しい」ではなく、「メチャクチャ楽しい」です。**学ぶ、知る、わかる……こういうことが、本能的に大好き**なのです。

ただし、自分の興味のある分野限定で。

また、人間は、生きている限り成長したい、と思うようにもつくられています。これは、理屈抜きの話だと思います。

人類は子供をつくります。そして、子供をつくるという行為は、普通の行為ではありません。快感を伴う行為です。

これは理屈で説明できません。後付けで、興奮するとか何とかと理由をつくることはできても、なぜそうなるかはわからないわけです。

僕は「神様」が、人類が途絶えないように、子孫が繁栄するように、そのように人間を創造したのだと思います。

ちょっと哲学的な話になりますが、**人の感情の基本には、「神様」の意図がある**と感じます。

食べたり飲んだりという、生きるために必要なことは快感になっている。子づくりもそう。逆に、命を失うような行為には、恐怖心を与えたり、痛みを与えたりして警戒させ、なかなか死なないようにしているのです。崖に近づけば、ここから先は危ないと、誰もが本能的に察知するようになっているわけです。

人類が、原始時代から進化し続けているのも、「神様」の意図だと思います。

つまり、人は何かを学んだり、教わったり、知ったり、成長したり、能力がアップしたりすることが、快感になるようにつくられているのです。その結果、人類は文明を築き、文化を打ち立ててきた。学ぶこと、成長することが好きだから、人間社会はめざましい発展を遂げたのです。

これはもう、理屈なんかではなく、「神様」が人間をそのように創造した、としか思えない。

そう考えると、**「やりたいことがない」なんていうことは無い**のです。人間の本能に反しています。単に、**「やりたいことが見つからない」だけ**です。人類である以上、学んで成長することは、快感なのですから。

だから、もし「やりたいことがない」と感じたら、何でもいいから学ぶ時間にあてましょう。

とはいえ、「学べと言われても、どこから手をつけたらいいかすらわからない……」という人もいるかもしれません。

そういう場合は、時間のかかるものではなくて、５分でできることをやればいい。例えばYouTubeを見ればよい。YouTubeなら、５分、10分で学べます。

まずスケジュール帳に、「YouTubeを見て勉強」とか入れる。そして、隙間時間ができたらYouTubeを開き、少しでも興味のある分野について、学ぶのです。

英語、マーケティング、心理学……何でもいいから自分のペースで学ぶのです。お堅いテーマが取っつきにくければ、司会がうまくなるポイントについて学ぶ、でもよいでしょう。それだって、立派な「学び」です。しかも、実用的な学びだと思います。

5分でできる、ということでは読書もいいです。

まずスケジュール帳に、「本を探す」という時間を書き込む。5分で本を探し、次はまた5分、読書の時間をスケジュールに入れる。読書は5分ずつ、10分ずつというペースに適したツールです。しかも、動画よりも深く学べます。

やりたいことが無ければ、とにかく「学ぶ」ということを、5分、10分でもスケジュールに入れましょう。

人間、学ぶことが好きなようにできているのです。いずれ「これだ！」というものが、必ず見つかります。学んでいくうちに、「やりたいことが無い」どころか、「やりたいことだらけ」になっていくはずです。

一つのことを懸命に打ち込んで学ぶ大切さ。これに尽きる！

僕自身、「学ぶ」ことを中心に、生きている人間です。

よく勘違いされるのですが、僕は経営者になりたいとか、経営のために学んでいるとかではないのです。

学ぶこと、学習することが好きなだけなのです。

勉強しているうちに、経営ができるようになった。**好きなことをやり続けていたら、結果として仕事やお金につながった。**

そういうことなのです。

とはいえ、昔は「お金」が先でした。もともと学ぶことは好きでしたが、「お金持ちになりたい」「そのためには勉強しなきゃ」と思って学んでいたのです。

美容師の時は、美容の技術はもちろん、お客様との会話も研究しました。すると、お客様とのやりとりが、思いのほか大事だということがわかって、接客術を学ぶようになりました。

さらに、「シャンプーはどう売ればいいか、買う人の心理を勉強しないとダメなんじゃないか」と考えはじめ、購買心理学を勉強するようになる。一度、勉強を始めたら、知識と興味が広く深くなっていったのです。

そのうち、「こいつは凄く頑張ってて、美容師としてもスタイリストとしても一流になってきた。店長を任せようか」という話になって、お店を任せられるようになりました。学んでいたら、**後から地位がついてきた**のです。

店長になったら、今度はリーダーとしての学習です。リーダーシップを身につけるための勉強をし、人事を学び、全体を見る力を養う。学びが仕事に直結し、楽しい毎日でした。

ところが、僕は離婚を経験し、美容師を続けられなくなります。2人の子供を引き取って男手一つで育てるようになったからです。

そこで、業務委託でヘアカラーの講師を始めました。土日は休めるし、好きな時間にできる仕事です。

ここで、**今度は「教える」ことを学ぶようになります。**ヘアカラーの技術をどう教えるか、どうしたら凄い先生と思ってもらえるか、教育者としての勉強が始まったわけです。はじめは手探りでしたが、いろいろ勉強していくうちに、こういう言い方をすれば技術をマスターしやすいとか、「教える技術」が身についていきます。

で、その後美容師に復帰した時に、教え方の技術が役立つわけです。こういうふうに言ったら人は動くのか、ということが実感としてわかってきて、コミュニケーション術も勉強する。

美容の技術に加え、接客術やコミュニケーション術も身につけば、自然と売り上げは上がります。

そうなると、経営者から感謝されます。

感謝されると嬉しいのが人間です。売り上げをさらに上げるため、どうすればよいかと考えます。で、今度はマーケティングの技術を勉強するわけです。

ここまで来たら、もうマインドは経営者です。自分でも会社ができるんじゃないか、と思い始めます。

そして実際に、僕はリラクゼーション会社の「りらくる」を立ち上げ、経営者となります。その日から約15年、ずっと経営者をやっています。

このように、僕は常に勉強してきました。どんなポジションにいても、その仕事に関することを学習し、能力を上げてきたのです。

学んで能力をアップさせると、自然、重宝されますし、やりたいこともやれることも増えていくわけです。

あんなこともこんなこともやってみたい、となってきて、ますます勉強するようになる。そうしていくうちに、勝手に会社が経営できるようになったのです。

今も僕は学び続ける毎日です。

この間も、5万円ぐらいのウェブのマーケティング講座を契約しましたし、ユダヤのこともさらに学ぼうと思って、200万円の講座を契約しました。

1年間で1000万円は、「学び」のために使うと決めています。

金も時間も使って勉強する。これは楽しいうえに、リターンがあるのです。

でも、何か目標を掲げて、そこに向かって勉強する、という方法は採りません。

第二章で述べたように、**夢を達成することを、目標にしてはいけないのです。自然と夢を実現できるよう、学んでいけばよい**のです。

YouTubeを始めた時もそうでした。ユーチューバーになる方法を模索したりはせず、まず「しゃべり」を勉強しました。しゃべることこそ、YouTubeにおいて最も大事なことだからです。

そこで、しゃべり方を学ぶため、色んなYouTubeを見て、色んな人のしゃべり方を研究しました。

自分でやってみることもしました。

そうやっていくうちに、しゃべりのコツがつかめてきます。そうなると、動画の内容も安定してきて、再生回数も伸びたのです。

しかも、**勉強というものは、たとえ夢が実現できなくても、無駄にはなりません。必ずといっていいほど、人生のどこかの場面で生きてきます。**

僕の友人に、アニメ『創聖のアクエリオン』の主題歌を歌ったグループの子がいますが、彼は兄弟と共に、小学生の頃からボイストレーニングを受けていたそうです。

モーツァルト並みの英才教育が実り、彼らはバンドとしてデビューします。やがて、アニメのヒットソングを出し、音楽史にその名を刻んだのです。

その後、ヒットソングに恵まれず、芸能界から離れたのですが、いま彼は、経営者としてメチャクチャ頑張っています。


実は、彼は幼い頃から音楽一筋だったので、読み書きがロクにできませんでした。いや、読むことはできますが、漢字をほとんど書けなかったのです。

でも彼には、音楽を通じて身につけた表現力、そしてコミュニケーション能力がある。さすが、ヒット曲を出しただけあって、それはもう凄いです。

ビジネスの基本は「信頼」です。信頼できない人とは、誰も取引しません。モノも買いません。

そこへいくと彼は、人の信頼を得る能力が抜群です。なので、かなり高額なものでも、彼が交渉するとどんどん売れるのです。


いま彼は、歌手ではありません。

しかし、歌手への道のりの中で身につけた能力は、経営者・営業マンとして生かされているのです。

ちょっとかじった程度の勉強なら、無駄になることもあるでしょう。しかし、一つのことに一生懸命打ち込んで学べば、決して無駄にはなりません。人生のどこかで、必ず生きてきます。

彼の生き様が、そのことを証明しています。

とにかく「学ぶ」こと。常に「学び」をスケジュールに入れ、常に勉強することです。

ビジネスは最高の学びの場であり、快楽でもある！

……あまり、学び、学習とか言っていると、「なぜ、そんなに勉強するんですか？　そんなに頑張って、ガツガツ勉強しなくてもいいんじゃないですか？」なんていう質問がありそうです。でも、失礼ながら、それは愚問なのです。

僕は楽しいから、学んでいるのです。

「そんなに頑張ってドラクエをやらなくても……」などと言われても、やりたいからやるのと同じです。別に、無理して頑張っていません。

人間は、興味のある分野なら、学ぶことが楽しいようにつくられています。だから、僕が学んでいるのも、本能に忠実に、生きているだけなのです。

しかし、世間では、「勉強は嫌々やるもの」「試験や仕事で必要な時だけやるもの」との意見が多いです。

これは、学校教育のせいだと思います。

学校で、興味の無い科目を無理やりやらされた記憶が強いので、「学ぶこと自体が楽しくない」との誤解が刷り込まれているのです。

でも、**学ぶことはゲームと同じで快楽なのです。**いや、ゲームだって学びです。一面クリアしたら次はどう攻略するか、なんて考える。まさに学びです。

ただ、ゲームをやる時間は、あまり投資にはなりにくい。何か身につくとか、蓄積になるとか、そういうメリットはほぼ無い。

なので、どうせやるのであれば、楽しくて、リターンのあるもののほうがいいでしょう、ということです。

ビジネスは、学ぶことに関して、最高の場所だと思います。

なにしろ、様々なことを学べます。僕の履歴を見てください。美容の技術に始まって、接客を学び、心理学を学び、リーダーシップも学び、マーケティングも学び、コミュニケーション能力も学んできたのです。

ビジネスという場でなければ、こんなに広く、かつ実践的に学ぶことは不可能です。いま経営している20以上の事業からも、たくさんのことを学んでいます。色んなことが勉強できて、楽しくて仕方がありません。

しかも**ビジネスとは、学んだことを試せる場所**なのです。結果も出てきます。ビジネスは、テストの場所でもあるわけです。

自分がどこまで進んでいるか、どれだけアウトプットできるのか、テストをすればわかります。やはり、テストが無ければ、人は燃えません。一生懸命学んだことに関しては、いろいろ試したり、使ってみたりしたくなるものです。

つまり、アウトプットもまた、人間にとって快楽なのです。「学び」と「アウトプット」

はワンセット。学んだ成果をアウトプットすることが、楽しいようにつくられているのが人間なのです。

僕はビジネスを、快楽のためにやっています。

やりたいことを、タスクとしてスケジュールに入れていき、学んでいく。

そうして勉強したことを、ビジネスとして立ち上げたり、教育事業で生徒に教えたり、アウトプットしていく。

「学び」と「アウトプット」という快楽のために、ビジネスをやっているのです。

しかも、竹之内流の時間の使い方を完成させて以来、実現するタスクがもう半端じゃなくなりました。興味のあることは、全て学んでいるような感覚です。しっかり学んでいるから、アウトプット＝ビジネスの立ち上げも順調です。

読者のみなさんが、竹之内流の時間の使い方をマスターし、たくさんのことを学び、そしてアウトプットしていくことを期待します。

第6章

竹之内流時間の使い方に関するQ＆A

竹之内のシンプルイズベスト講座

竹之内流時間の使い方はシンプルにしてベストだと、僕は考えています。

やりたいことをタスクとして、スケジュールに書き込んでいく。

基本はそれだけです。


そして、タスクの時間が来たら、その時点で一番やりたいこと、緊急性の高いものをやっていく。

たったこれだけのことで、やりたいことが実現していくのです。

とはいえ何事にも、人それぞれの事情があるでしょう。


竹之内流時間の使い方に対しても、質問や疑問があるかもしれません。

そこで、本書の最後に、時間術に関するQ＆Aを載せたいと思います。

僕がセミナーを含め様々なところで受けた、時間やスケジュールについての質問と、それに対する答えをまとめてみました。

きっと、あなたの時間の使い方に役立つものと信じています。

Q　何の時間を優先に考えたら、時間が作れるようになりますか？
（31歳男　起業を目指しているサラリーマン）

A　竹之内　時間をつくるためには、「無駄な時間」を省く以外、方法はありません。
しかし、何が無駄なのかは、そう簡単に判断することはできません。

例えばゲームであっても、ストレス解消のためにやっているのであれば、無駄ではないのです。

そもそも、あなたが時間をつくりたいのはなぜですか？

何か、やりたいことがあるからではないですか？

やりたいことがあるなら、それをスケジュールに入れることです。

それが最善策です。

時間や期限が決まっていないものを、スケジュールに入れるのは、普通のやり方ではないです。だから慣れないうちは、抵抗があるかもしれません。

でも、心配ないです。やりたいことを、メモのようにスケジュールに入れていけば、自然とそれをやるようになるものです。

慣れてくれば、あれもこれもとスケジュール帳に書くようになると思います。

Q 時間を管理する為、何を切ったりすればよいか、優先順位の付け方の指標があると、イメージしやすいです。とにかく、本を読む時間すら無く、思考する時間もなく、日々、目の前のことをただがむしゃらにこなすだけになってしまっています。

他にも仕事、育児、家事など、やりたいことだけではなく、やらないといけないこともあり、全てをうまく回せる方法を知りたいです。

（36歳女　仕事と子育てを両立させたいOL）

A 竹之内 思考する時間や読書の時間がほしいなら、それをスケジュールに入れることです。

それも、まとまった時間を取らなくていいです。たった5分でもＯＫです。最初の一歩を踏み出し、やり進めるようにすればよいのです。

そういうやり方で、やりたいことをいっぱいスケジュールに書き込んでいけば、タスクは自然と取捨選択されていきます。

仕事を任せたり、不要と判断してスケジュールから消したり、といった作業もやるようになります。

皆さんは、忙しい忙しいと言うけれども、起きてる時間ずっと忙しい、というわけではないですよね？　寝る時間やご飯を食べる時間はありますよね？　もちろんトイレに行く時間やお風呂に入る時間だってありますよね？

もし、それらの時間まで削られるような事態がきたらどうします？　誰かに仕事を任せたり、仕事の依頼を断ったりするでしょう。

スケジュールにタスクを書いていけば、何をやりたいか、何をやらないといけないか、これ以上タスクが増えたらどうなるか、との判断がつきます。

新たに仕事を頼まれても、スケジュール帳を見て「これ以上仕事が増えたらヤバい」と思えば、引き受けないようにするはずです。

で、断ったり、人に任せたりしたものは、スケジュール帳に入れません（任せたことに関しては、「確認する」というタスクを入れます）。だから、スケジュールにはやりたいこと、やらねばならないことだけが残ります。

それらの中で、緊急性の高いものや、やりたいものを順にやっていけばいいわけです。

Q 実力以上のことに挑戦していて、悪戦苦闘しています。もっと賢く突破する為に、実務などを習得したいと考えております。しかし、挑戦すること自体に時間をとられ、習得のための時間をつくることも難しいです。

（35歳男　キャリアアップを狙うサラリーマン）

A 竹之内　ちょっと、考えてみてください。何かに挑戦する時に、実務を習得してからやるのと、習得しないでやるのとでは、どちらが成功すると思いますか？

当然、「習得してから」ですよね。

人は、時間を使って能力を磨き、人脈やお金を手に入れて、やりたいことをやれるようになるのです。この順番を守らなければなりません。

さて、あなたが挑戦している「実力以上のこと」が何かはわかりませんが、それが能力を磨くためのものであれば、問題ないでしょう。「時間を使って能力を磨いている」わけですから、堂々と挑戦すべきです。

でも、そうではないのであれば、まずは勉強して能力を磨き、そのうえで、やれそうなことに挑戦すべきです。

もう一度言います。「時間→能力→人脈→お金」の順です。

「とにかく行動」という言葉をよく聞きますが、これは誤解されがちな言葉です。「とにかく行動」の「行動」とは、能力を磨くための行動のことです。

例えば、経営能力を磨く前に、とりあえず大金をつぎ込んでビジネスを始めました……というのは、単なる「無謀」です。

行動力があるとは言いません。

まずは経営するための能力を磨き、自分がやり始めるビジネスのリサーチをして、知識を身につけるのが順序です。

だから、突破するために必要な実務をまず習得し、その後に挑戦すべきです。

Q 仕事の効率などを考えてはいるのですが スイッチが切れたようにのんびりしてしまい、気がついたら時間がない、ということになってしまいます。これは、自分に甘いからなのでしょうか?

(48歳男　地方公務員)

A 竹之内 いいえ。自分に甘いからではないと思います。スケジュールにやりたいことや、やるべきことを、山ほど書き込んでいないからです。

「スケジュールに入れる」というのは、時間を決めて、いついつまでにやる、と書き込むのではありません。

とりあえずメモ的に、書いておけばいいのです。

毎日のようにスケジュール帳を見ていれば、その書き込んだタスクが、自然と目に入ります。

書き込まれたタスクが多ければ、「のんびりしている暇がない」と思うようになるはずです。

Q 竹之内社長はユダヤの教育を学んでいるそうですが、妊娠中や小さい子供がいる場合の、仕事と家事の両立（スケジュール管理）について、何かユダヤの教えで触れていくことがあれば教えて頂きたいです。

（31歳女　仕事を始めることを考えている主婦）

A 竹之内 家事をスケジュールに入れている人は、なかなかいないと思います。決まった時間にやらなければならないことは、スケジュールに入れるべきことです。しかし、家事というのは、絶対これを先にやらなければならない、といったものではありません。なので、スケジュールに入れないのが普通です。

例えば、掃除をしてから買い物に行くか、買い物に行ってから掃除をするかは、決める必要がありません。

決める必要がないので、スケジュールにも入れない。すると、行き当たりばったりで掃除をして、他の大事なことを忘れていた、ということにもなりかねません。

ですから、家事もスケジュール帳に書き込むことです。

いや、家事に限らず、映画館に行ったり、ショッピングに行ったり、友達とカフェに行ったりすることでもＯＫ。やりたいことを思いついたら、その場でどんどん書き込んでいくのです。

そうすれば、例えば掃除が早く終わった時に、スケジュール帳を見て、この隙間時間に何かやってしまおう、となるわけです。

このように、スケジュールに書き込んだり、隙間時間を活用したりする習慣が身につけば、発想も幅が広がります。

例えば買い物のパターンも、

「今日は夕方の予定が無いから、食材を買い込んで、一から調理しよう」

「今日は午後、大がかりな掃除をするので、その後惣菜だけ買って、調理するのはやめよう」

などなど、変化に富んできます。

ところが、家事などをスケジュールに入れていなければどうでしょう。掃除が終わった瞬間、スケジュールを見ることも無く、その場の思いつきを優先させてしまうのではないでしょうか。

そうなると、「今日は総菜だけ買おう」と決めていたのに、つい調理のための食材を買ってしまう、なんてことが起こるのです。

家事でもプライベートのことでもいいから、とにかくスケジュールに入れる。ユダヤとかは関係なく、それが竹之内流時間の使い方の基本です。

Q スケジュール管理で意識している点を教えていただきたいです。
（54歳男　中小企業経営者）

A 竹之内 それはもう、たった一つです！　とにかく、やりたいと思いついたことは全てスケジュールに記入する、ということです。

思いついたらすぐに書き込みます。仕事のことも、プライベートのことも、全て書き込みます。

それに尽きます。

Q 竹之内社長は、時間についての考え方、スケジュールの立て方、行動の仕方など、みな優れていると思いますが、時間の使い方に関して、人と同じところと、違うところを知りたいです。

（27歳男　上場企業のサラリーマン）

A 竹之内　普通の人と同じなのは、相手の都合などで決まるスケジュールです。例えば、ズームは相手があることなので、きっちり時間が決まっています。なので、当然、スケジュールに書き込みます。

これはおそらく誰でも同じだと思います。

他にも、会議やデートの時間など、相手があるものは全て時間が決まっていることがほとんどです。そこは、みなさんと同じスケジュール管理だと思います。

違うところは、時間が決まっていないやるべきことや、個人的にやりたいことも、全てスケジュールに入れてしまうというところです。

仕事上のタスクはもちろん、個人的なことも願望タスクとしてスケジュールに入れ、実現していく……これが、僕独自の時間の使い方です。

Q 家族との時間が少ない、どうすればより良くなりますか。

（41歳男　商社マン）

A 竹之内 仕事人間の人は、家族との時間を取るのが億劫になることがよくあります。

僕も昔はそうでした。だから、仕事と家族のバランスをどうすればよいか、悩む人がいるのはよくわかります。

しかし僕は、「幸せの定義」を学んでから、考え方が変わったんです。

その定義とはどういうものか?

それは、「幸せというのは、自然と湧き上がる感情ではない」ということです。

つまり、幸せとは、自分で何が幸せなのかを定義し、心に強く思うことが大切だということです。

要は、自分で幸せの定義を決め、それを常に意識していく……ということですね。

例えば、自分は目が見えていることが幸せだ、と定義したとしましょう。これだと、普段は目が見えていますから、いつも幸せになれるわけです。

でも、目が見えるのが当たり前の状態だと、そんなことは考えませんよね。無理にそう思おうとしても、実際に見えている場合、なかなかそうは思えないのが人間です。

けれど、もし事故で目が見えなくなれば、目が見えていた時がどれだけ幸せだったのか、誰でも考えるでしょう。

そういう気持ちを、目が見える時からしっかりと感じるようにする、というのが大切なのです。

ただ、そうはいっても、そんなことを常に考えることなんてできないですよね。僕もできないです。

ですから、家族のことで言えば、「家族が幸せを感じてくれれば、自分も幸せだ」ということを考えればいいと思います。それも強く思うのです。

仕事人間で、家族との時間を取らない人は、ここが希薄になりがちです。「家族の幸せは、自分の幸せだ」とは、なかなか思えないわけです。

さらに言いたいのは、人生における自分の使命を、しっかり決めること。これも大切です。

例えば、「仕事で大成功するのが自分の使命だ」と決める。これは素晴らしいことです。

だけど、もう一つ、使命に加えてください。「家族を世界一幸せにする」ことです。

さらには、「それを目指す過程も幸せである」と決めるのです。

そうすることで、「自分は仕事人間だから、家族のために時間を割くこと自体、メリットがない」という考え方を、とらなくなるのです。

家族との時間をとっている時に、家族の幸せそうな顔を見て、「これが自分の幸せなんだ」と何度も言い聞かせてください。そうすれば、本当に幸せを実感できるようになります。

Q **現在大学3年生です。サラリーマンになるより一念発起して起業家になりたいと考えています。いま何をするべきでしょうか。成功するための時間の使い方をお聞きしたいです。**

（21歳男　起業も視野にいれている大学生）

A **竹之内**　まずは、「学ぶ」時間をたくさん増やすことです。

とにかくスケジュールに、「学ぶ」ためのタスクをたくさん入れていってください。そうすれば、必ず成功に近づいていきます。

成功者とは、能力を磨くことにたくさんの時間を費やした人なのです。

しかも、学ぶことに、まとまった時間は必ずしも要りません。本を読む、YouTubeを見る……こうした「学び」を、たとえ5分でもいいから進めていくのです。一気にやらなくても大丈夫です。

少しずつであろうと、きちんと進めていけば、必ず身についていくものです。そうなれば、自然、能力が身について、どんどん成功へと近づいていきます。

たくさん学んで、成功者になりましょう！

Q 目標を達成するために、スケジュールをどのように組み立てているのか教えていただきたいです。

（43歳男　国家公務員）

A 竹之内 目標のために何をやるか、逆算して決めることはしなくてよいです。将来の目標のために、いま何を学べばよいのか、何をタスクとしてやればよいのか。もしくは、何を1番やりたいのかを考えて、スケジュールに書き込んでいくだけです。やりたいと思う気持ちが強いほど、吸収力も高くなります。なので、その時点で「1番やりたいこと」をやるのがよいでしょう。

それを続けていけば、おのずと目標に近づいていくと思います。

Q　2人の小さい子供がいて、フルタイムの仕事で時間の管理ができないでいます。よい方法があれば教えてください。

（37歳女　大手スーパー勤務）

A　竹之内　今やっている仕事は、本当にやりたい仕事なのでしょうか？
もし、そうなのであれば、やりたいことができている時間が長いということです。他のことが犠牲になっても、それは仕方ないのかもしれません。

ただし、子供が小学校高学年ぐらいになれば、世話の時間も減るはずです。そうなると、また状況が変わってくると思います。

もし、やりたい仕事ではないのであれば、フルタイムではなくパートにするなどして、仕事の時間を短くするべきです。

それでは家計がやっていけない、ということであれば、旦那さんと交代で、子供の世話をするべきです。
旦那の給料だけでは苦しい、共働きでないとやっていけない――こういう状況なら、旦那さんも、子供の世話をしてくれると思います。
今やイクメン（育児をする男性）の時代。妻にばかり子供の世話をさせる夫など、いないはずです。

Q 時間こそ人生の価値だと思います。ユダヤの教えでは、時間をどう捉えていますか？
（40歳男　自営業者）

A 竹之内 その通りです。人生は、時間を何に投資するかで価値が決まります。有意義な時間の使い方とは、自分の人生を豊かにするために、時間を使うということです。
特に有意義な使い方は、「学び」に時間を使うことです。学ぶことに時間を使えば、能力をアップさせ、ひいては望むものを手に入れる可能性を高くします。

時代や場所、やる人が変われば通用しないようなスキルやテクニックの勉強は、あまりお勧めしません。

一生の財産になる、そして子供にも継承できる。そのような能力のための学習が、１番優先度が高いといえます。

とりわけ重要なのが、コミュニケーション能力や心理学を学ぶべきです。人のことを知れば、コミュニケーション能力も上がります。世の中は、人間関係で成り立っているからです。

ですから、学ぶことがないと思っているのであれば、コミュニケーション能力について、しっかり勉強するとよいでしょう。

Q　**つい無駄な時間を過ごしてしまい、自分を責めてしまいがちです。幸せに生きる時間の管理術を知りたいです。**

（33歳女　アパレル企業勤務）

A　**竹之内**　幸せとは自分で定義づけるものです。

スマホゲームをするのを幸せだと感じるのであれば、それはそれで良いのです。

1番やってはいけないのは、条件付きの幸せの定義です。

例えば、自分は金持ちになれば幸せだとか、良い人と結婚できたら幸せだとか、そういった「条件」をつけることです。

これは、「それを手に入れられなければ、幸せではない」と言い換えることができます。

それがダメなのです。

1番オススメなのは、「今日、自分が昨日よりも成長していること」が幸せだと、定義づけることです。

そのためには、スケジュールに学びたいことや学ぶべきことをどんどん書き込むことです。

で、暇になったらそれらを見て、何をするかをチョイスするのです。

スケジュールに書き込むのと、メモに書き込むのとでは、大きな違いがあります。

それは、毎日強制的に見るか見ないかの差です。

スケジュールに書き込めば、必ず毎日1度は目を通します。メモよりも頻繁に見るので、思い出しやすいのです。

そして、スケジュールに書かれたタスクを実現していけば、いや、タスクが増えるだけでも、「昨日より今日のほうが成長している」と実感することになるでしょう。

Q

会社勤めをしており、時間の拘束が長いのが悩みです。SNSなどでは、起業をして好きな時に短い時間でたくさん稼いでいる人がよく出てきます。起業すれば誰でも自由な時間が手に入る……とも思えないですが、ぜひ、お考えを聞きたいです。

（36歳男　大手メーカー勤務）

A 竹之内

「短い時間でたくさん稼いでいる」とあるので、時間単価のことから説明しましょう。

会社で働けば、なぜお金をもらえるのでしょう？

その会社で通用する能力を、その会社が磨いてくれて、それをその会社で生かしていく。こういう流れで、社員は給料をもらっているわけです。

その会社でしか通用しない能力の場合は、当然、時間単価も低くなります。

もしその能力が、他の会社でも通用するものであれば、時間単価は高くなります。

他の会社に移られると困るので、できる限り優遇するわけです。

なので、時間の単価を高くするには、普段から、その会社以外でも通用するような能力を、磨く必要があります。

そのためには、隙間時間にたくさん学ぶことです。

その学びの質と量が、あなたの時間単価を高くするのです。

起業して、少ない時間で稼いでいる人は、学びの質も量も非常に高くて多かったはずです。

起業したからそのようになっているのではなく、しっかり学んだ結果、起業できてそのようになっているのです。

Q 大谷翔平選手は、睡眠時間を必ず10時間は確保しているそうですが、これも時間の使い方が上手いということなのでしょうか。

（25歳男　スポーツインストラクターを目指し修行中のフリーター）

A 竹之内 大谷選手は野球ということに集中しているので、たぶん複数のタスクを抱えているわけではないと思います。睡眠時間が10時間というのも、一つのことに集中しているからできることだと思います。

Q 有名人で「この人の時間の使い方は上手い」と思う人はいますか。
（32歳女　多趣味でバツイチの子持ち看護士）

A 竹之内　成功している人のほとんどは、時間の使い方が上手いはずです。中でも、マイクロソフトのビルゲイツや、著名な投資家のウォーレンバフェットは、毎日かなりの時間を読書に費やしていました。

これは僕も同じです。新しい情報を学習することや、能力をアップさせることを、絶対に怠りません。

時間を使って学んでいるから、時代について行くことができ、常に進化できるのです。忙しいビルゲイツやウォーレンバフェットですら、読書の時間があるわけです。それなのに、一般のサラリーマンや経営者が、「読書の時間を取れない」などと言うのは、時間の管理が下手なだけだと思います。

いや、下手というよりかは、その時間を取ろうとタスクに入れていない（重要視していない）のだと考えます。

学びに関するタスクをスケジュールに入れれば、自然とそれをやるようになります。タスクが実現していくにつれ、「時間の使い方が上手くなってきた」と実感すると思います。

Q 竹之内社長は朝型ですか、夜型ですか。スケジュール管理において、朝型・夜型の違いはありますか。

（45歳男　塾講師）

A 竹之内　僕は間違いなく夜型です。

だいたい朝の4時か5時ぐらいまで起きていて、昼の12時ぐらいに起きます。

一般に、人と会うような時間は、だいたい11時から22時ぐらいまでに集中するはずです。というのは、朝型であろうが、夜型であろうが、確実に起きている時間だからです。相手がいる予定というのは、たいていこの時間内に入るはずです。

逆に言えば、それ以外の時間が、1人でやったり、考えたりすることのできる時間になるはずです。

朝型の人であれば、例えば朝5時ぐらいから昼の11時ぐらいまでの6時間は、自分のタスクに取り組むべき時間だと言えるでしょう。それ以外の時間は、日時の決まったスケジュールへの対応となるはずです。

夜型であれば、22時から朝4時ぐらいまでの6時間は、タスクに取り組める時間だと思います。

Q　空いた5分、10分の時間で少しずつタスクを実現していく、というのは素晴らしいと思いますが、少しずつだと前にやったことを忘れてしまって、復習のために余計に時間をとられる、ということはないのでしょうか。

（25歳女　資格取得を考えているＯＬ）

A　竹之内　もしそうだとすると、一気に2時間や3時間でやったものも、すぐ忘れてしまうでしょう。企画であったら、詰めが甘い企画になるでしょう。

それに、毎回復習できるということは、しっかり学習できるということです。もしくは企画であれば、しっかり練ることができるということです。

また、間が空くことで、アイディアやヒントが浮かぶことも、僕の経験上たくさんあります。

途中までやったタスクがあって、そのことが気になっている状態で、毎日を過ごす。これだと脳が、そのタスクに関する情報を集めようとするので、ヒントになるアイディアが、たくさん出てくるのです。

脳にはＲＡＳという機能があります。これは、自分が欲しいと思う情報を取り入れる（逆にそれ以外の情報を切り捨てる）、フィルターのようなものです。

例えば、ゴルフをやり始めた人は、インターネットを見ていても、ヤフー広告などでゴルフボールの画像が出てくると、それに自然と反応してしまいます。

これは、意識しているものを、自然と選別して取り入れているわけです。脳にはそういう機能があるのです。

ですから、途中までやりかけているものについても、脳は普段から、情報を取り入れようとします。なので、間が空いたことで、より良い企画の案になったり、新たなアイディアが生まれたりすることは多々あります。

一気にやるよりも、小分けにするほうが、よりブラッシュアップされるのです。もし、前にやったことを忘れてしまっていても、全然ＯＫ！　しっかり復習して、基礎を固めていると思えばいいのです。

Q　将来、竹之内社長のような経営者になりたいと考えている中学生です。ただ、具体的な業界などは、まだイメージできていません。こういう漠然とした夢の場合、スケジュールにはどのように書けばよいのでしょうか。

（14歳男　中学2年生）

A　竹之内　まだ中学生なのに、しっかりしていますね……。

まず、何について深く勉強したいか、考えてみるとよいでしょう。人は本能的に、何かを学びたいと常に考えています。将来何になりたいか、具体的なイメージは湧かなくても大丈夫。それよりも、どんな分野について勉強している時が楽しいか、よく考えてみてください。

中学生であれば、例えば数学が楽しいとか、英語が楽しいとか、学校の科目でも構いません。

仮に、英語が楽しいと感じるのであれば、学校で習うこと以外のことも、自分で学んでみるとよいです。興味のあることを勉強していれば、その先に何かが見えてきます。

例えば英語ができるようになれば、英語を活かして海外と取引する会社をやろうか……等々、具体的なビジネス、職種が見えてきます。なので、興味のある分野の勉強をすることを、おススメします。

逆に、君のような学生にとっては、興味のない科目を習っている時間は無駄かもしれません。

例えば、僕は社会科が非常に苦手でした。地理や歴史に関することは、全く覚えられませんでした。

テスト前などは仕方なく暗記し、かなり勉強したので、おかげさまでテストの成績はかなり良かったのです。

でも、大人になった現在、当時の勉強は全然身についていません。

日本地図を見ても、地名を上から順番に言うこともロクにできないですし、歴史についてもさっぱりわかりませんし、覚えていません。

ちょっと誤解を恐れずに言うならば、興味のないものはいくら勉強しても意味がありません。

もし君が、大学に行こうとしているなら、無関心なことでも勉強しなければ駄目でしょう。好きなことばかり勉強していたら、大学に受かりませんから。しかし、僕は大学に入ったからといって、将来の夢に近づくとはあまり思っていません。

もちろん、超難関大学であれば別です。

大学名がプラスになることが、どこかであるでしょう。

けれど、そうではないのであれば、自分の興味のあることに集中しているほうが、結果的には将来役に立つはずです。

成功者のほとんどが、タスクに優先順位をつけ、集中すべきタスクを決めています。

中学、高校ぐらいまでは、たくさんの科目を習います。学校教育ですから、いろいろな可能性を考慮するわけです。

でも、すでに好き嫌いが分かれているのであれば、興味のあるところに集中して時間を割くほうが、将来、大きくレベルアップするはずです。

頑張ってください！

Q **受験生の子を持つ親です。子どもの勉強がなかなかはかどらず、学校の成績もイマイチです。どう時間を使えば有効な勉強法につながりますか。**

（42歳女　パート主婦）

A 竹之内　結論から言えば、興味のないことを無理矢理させたところで、将来何の役にも立ちません。

親としては、高校に行けなかったり、大学に行けなかったりしたら、心配だと思います。僕も子を持つ親ですから、よくわかります。

でも実は、本人が興味のある分野で自発的に勉強する方が、よほど将来的には安定するのです。

この場合の勉強とは、数学や英語など、学校の科目だけではありません。

ゲームであっても、読書であっても、知的好奇心で動くものは全て勉強です。

例えば、ゲームが大好きなのであれば、徹底的にゲームをやらせれば良いのです。

親もそれを応援し、その結果を興味深く聞くくらいでないとダメです。

とことんやって飽きてしまえば、また違うことに興味を示します。

興味のあることに、徹底的に時間を取らせてあげたうえで、親もそれに興味を持つ。こうなれば何も心配することは無いのです。何かを真剣に勉強すれば、いつか必ず役立ちます。子供が学校の勉強をしなければ、親は不安になるのは当然です。しかし、無理矢理勉強させたところで、何も得るものはありません。

TikTokを見て、ダンスに夢中になっているのであれば、とことんダンスをやらせてあげたら良いのです。それも全て学びなのです。

そして学んでいれば、将来何らかの形で役に立つのです。

Q **1日を家事で追われてバタバタして、自分の時間が思うようにとれません。どのように工夫したらスケジュール管理がうまくなれるでしょう。**

（39歳女　専業主婦）

A **竹之内**　そもそも自分の時間とは何でしょうか？

その自分の時間が取れたら、何をしたいのでしょうか？

それを願望タスクとして、しっかりスケジュールに入れていますでしょうか？

まずは、自分のやりたいことを、スケジュールに入れましょう。

そうすれば、今やっている家事を、上手く調整するようになるはずです。

例えば掃除をしようと思っても、スケジュールに何かタスクが書かれていれば、「掃除は一昨日やったばかりだから、今日はこのタスクをやろう」となるでしょう。

でも、スケジュールが白紙であれば、そのまま掃除をしてしまうはずです。

自分の時間が欲しい、といっても、やりたいことをスケジュールに入れていなければ、実行しないものです。

なぜなら、何より家事をしなければならないという、先入観に追われているからです。

また、家事といっても、たくさんの種類があると思います。

毎日同じ部屋を掃除することが、果たして必要でしょうか？

1週間のうち1日だけ掃除をしなかったとしても、全く問題がないはずです。

願望タスクをスケジュールに入れていなければ、「毎日掃除をしなければならない」との思い込みが先にきて、つい家事をやってしまう……そういうことになりかねません。

毎日、手作りの料理をつくる必要もありません。お弁当を買って済ませる日が、1ヵ月に数回あったとしても問題ないはずです。

とにかく、願望タスクをスケジュールに入れることです。そうすれば、自分の時間が取れるようになり、色んな工夫も生まれてきます。

Q 竹之内社長の時間の使い方を、社員の方も取り入れているのでしょうか。
（35歳男　ＩＴ企業経営者）

A 竹之内 僕は悩んでいる人には教えますが、そうでない人には、基本的に教えることはありません。人は悩んでいる時に、初めて人の話を聞くものです。最初からこうしなさい、と指示したことはほぼないです。

だから、良いスケジュール法があれば教えてほしい、と言われたら教えます。

しかし、何も聞かれていないのに、「このスケジュール管理術は素晴らしいからやりなさい」とは言いません。

ちなみに、僕の時間術を教えた社員からは、

「少しずつでもこなせば良いということが、目から鱗でした！」

「隙間時間を活用して、タスクをこなしていきたいと思います」

などなどの感想がきています。

さらに、社外の人に教えたら、

「タケちゃん先生のスケジュール管理術のおかげで、ライン配信も隙間時間に行うなど細かくスピーディーにすすめられるようになっています！　ありがとうございます！」

等々のお礼がきました。

とにかくタスクをスケジュールに書き、少しずつこなしていくことです。

Q **竹之内社長にお聞きします。仕事の効率が悪い社員に竹之内流時間術を教え、改善したケースというのはありますか。**

（同・35歳男　IT企業経営者）


A **竹之内**　僕の時間術は、基本的に自分のやりたいことを叶えるための時間術です。

仕事の効率化だけでいえば、他の色んな本にあるようなタスク管理で充分だと思います。

仕事の効率が悪いということは、例えば期限に間に合わないとか、何かしらの問題が発生します。

そういう場合、僕は社員に考えさせるようにしています。何か問題が発生したときに、「どうすれば良いかな?」と自分で考えさせるのです。僕から、「このやり方でやりなさい」と言うことはありません。社員たちに、考える習慣をつけさせるのです。

なぜなら人は、自分で考えたことしか行動を起こさない、との習性があるからです。考えさせることで、社員も色んなことを是正させ、仕事の効率が上がります。

Q　竹之内社長は、時間の使い方で失敗したことがあるのでしょうか。あれば教えてください。
（26歳女　会計事務所勤務）

A　竹之内　いや、たくさん失敗してますよ！　みなさんと同じです。
何でも効率化させようとして、「無駄な時間」をどんどん省いていた時には、相当ストレスが溜まりました。

毎日ロボットのように働くことに嫌気も差しましたし、何より楽しくなかったです。

そもそも、一般的に無駄だと言われているものも、自分にとっては大切な時間であったりします。ゲームをすることや、YouTubeで面白い動画を見ることも、僕にとっては必要なことなのです。

今の時間術を編み出してからは、「無駄な時間を過ごした」と感じることはほぼありません。

人生が濃く、密度が高くなったと感じています。みなさんも、竹之内流時間術をマスターすれば、僕と同じ気分を味わえるでしょう。

Q **「今のスケジュール管理法でやっていれば、あの時のこれは別の結果になっただろう」とか、「今だったらこういうやり方をしただろう」とかいったものはありますか。**

（57歳男　メガバンク勤務）

A **竹之内** 「仕事・プライベート関係なく、やりたいことをスケジュールに入れていく」という願望タスクについては、早く気づいて取り入れるべきだったと思っています。

願望タスクには、読書や勉強をするというタスクが含まれます。

だから、これを早くから積極的にスケジュールに入れていれば、今よりもっとたくさんのことが身に付いていたはずです。

もともと勉強することは好きなのですが、タスクには入れていませんでした。読書や勉強は、まとまった時間がなければできないことだという、思い込みがあったのです。スケジュールに入れるようにしたことで、今は読書も勉強も、自分のペースでしっかりできています。

Ｑ　月に最高でどれだけの紫（願望タスク）を実現したことがありますか。

（44歳男　証券会社勤務）

Ａ　竹之内　おそらく平均で20個くらいだと思います。

ただし、そんな大げさのものではなく、単純に親に電話するなど、相当短時間で済むものも含まれています。

そういうこともスケジュールに入れ、実行していくわけです。タスクとしてスケジュール帳に書きこむことで、つい忘れる、といったことが無くなります。

月の最高記録……細かく数えているわけではないので、これはちょっとよくわからないです。

Q **終わらなかったタスクは先送りしていき、中には途中で消してしまうものもあるそうですが、期間のメドのようなものは設けていますか。例えば3か月先送りしたら必ず消す、というような。それとも、少しでも気になれば、何か月が経とうと消さずに残していますか。**

（45歳女　システムエンジニア）

A **竹之内**　そもそも1か月以上先送りしているものは、かなり優先度も低く、やる気にならないものです。なので、消すことが多いです。2か月以上残しているタスクは、ほぼないと思います。

Q 「一度やり始めると最後までやりたくなるのが人間の心理」等々、竹之内社長は心理学をも駆使していますが、今のスケジュール管理法を編み出す過程で、心理学を参考にしたことはあったのでしょうか。それとも結果的に、心理学にもかなっていた、ということなのでしょうか。

（25歳男　経営学を研究している大学院生）

A **竹之内**　僕は、自分がもともとサボり気味な人間であり、追い込まれないとやる気が出ないタイプの人間であることを、自覚しています。

長時間働くのも、あまり好きではありません。

そんなダメ人間だからこそ、自分が無理なくできるような方法を、常に追求していました。

色々とやってみて、なぜかこれならうまくできるなぁ……と思っているやり方を分析してみると、ある程度、心理学に当てはまっているわけです。

つまり、心理学を勉強して編み出したのではありません。

自分に合っているやり方が、結果として心理学にかなっていたのです。

Q **いま竹之内社長がスケジュールに入れている願望タスクの中で、一番スケールの大きい願望を教えてください。**

（18歳男　高校3年生）

A **竹之内**　紫で記入する願望タスクは、目標とは違います。

例えば、僕の目標は、世界的に有名な人の悩みを解決する心理学パフォーマーになることです。

読者の方がご存知かは分かりませんが、アンソニー・ロビンズのような人物になることです。

アンソニー・ロビンズとは自己啓発の大家で、米大統領などを指導してきたアメリカ人です。そのセミナーや著書は、世界中で人気です。

しかし、この「心理学パフォーマーになりたい」との目標をスケジュールに入れる際には、そのまま書きません。

カウンセラーについての本を読む、というような、すぐに実行できるタスクに変化させて入れます。

僕はこの願望タスクの積み重ねによって、最終的な目標が、勝手に達成されるものだと信じています。事実、これまでもそうだったのです。

Q 今のスケジュール管理法を採り入れてからでも、「すごく忙しい」と感じたことはありますか。あるとしたら、どんな状況でしたか。

（52歳女　食品会社の管理職生）

A 竹之内 僕は、人とはやりたいことを、無限にやれるものだと思っています。ヘルプシーキング、人に任せるという能力を身につければ、なおさらそう思います。ですから、僕は忙しいと感じることはほとんどありません。

あるとすれば、頭の中が忙しい場合です。

具体的にいえば、悩みがある時です。

なかなか解決しない問題がある時は、それがたった1つの問題であっても、忙しいと感じてしまいます。常に悩んでいる状態だからです。

そういった場合は、その悩みを解決するためのタスクをいくつも入れます。

例えば、集客で悩んだ場合は、最適の集客方法について勉強できる本やYouTube、セミナーを、タスクとして入れるようにします。

それらをこなしていくうちに、自然と悩みも忙しさも消えていきます。

Q スケジュール管理が下手なのに仕事ができる社員や、経営者に出会ったことがありますか。

（34歳男　起業の準備を始めている人材派遣会社社員）

A 竹之内

何をもってスケジュール管理が下手なのか、ということだと思います。

例えば、僕との予定を何度も忘れてしまう人がいるとしましょう。

普通に考えれば、その人はスケジュール管理が下手なうえ、常識も無い人だということになります。

でも実は……僕とのスケジュール自体を、重要視していないだけなのかもしれません。

他のスケジュールに関しては、厳格に守る人かもしれないのです。

ですから、端から見ていて、その人が本当にスケジュール管理が下手なのかどうなのかは、正直なところわからないです。

Q　紫の願望タスクをあまり記入しすぎると、それ自体が負担というかストレスになってしまうことはありませんか。月のスケジュールを見て紫があまり多いと、ウワっという気にはなりませんか。

（40歳男　プログラマー）

A　竹之内　願望タスクというのは、自分がやりたいことです。

例えば、「アプリゲームをする」「キャンプに行く」「最新ドラマを見る」「今話題の映画を見に行く」「サイクリングに行く」「クラブで踊りに行く」「キャバクラに行く」といったことで埋まっていたとしても、ウワッとはならないと思います。

「ドラクエをやる」「スーパーマリオをやる」といったタスクが埋まっていても、ゲーム好きならうれしくてしょうがないでしょう？　それと同じです。

上記の例は、一般的に楽しいと感じることを挙げましたが、楽しいこと、やりたいことは人それぞれです。

例えば、人によっては英語を勉強したり、心理学を勉強したり、交渉術を勉強したりすることが、やりたいことかもしれません。何が楽しいか、やりたいかは人それぞれなのです。

英語、心理学といったタスクがいっぱい入っていると、それらをやりたくない人からすれば、大変だと感じるかもしれません。

でも、そのタスクをやりたい人からすれば、つらいとは思わないはずです。

また、僕の時間術では、タスクは日時を分散して、入れることになるわけです。

記入した日が来るまでは、そのタスクについて、一切考えなくても良いのです。

そして、スケジュールに入れた日にやれなければ、先送りしていけば良いのです。

そして、ずっと先延ばしになっているものに関しては、最終的に消せばよいのです。

ですから、タスクがいっぱいであっても、つらいと思うことはありません。

そもそも僕は、つらいと思うことは一切やりたくない性格です。その手の人間の代表者みたいなものです。

そんな僕が編み出したのが、竹之内流時間の使い方なのです。

こんな僕でもできるのですから、読者のみなさんにも、必ずできると思います。

エピローグ

最後に重要なお話

本書を最後までお読みくださり、心より感謝申し上げます。
時間とは人生そのものです。
そして、誰に対しても平等・公平に与えられているものです。
つまり、時間をどう使うかは、人生を決めることなのです。
本書で紹介した時間術を編み出してから、僕は人生が変わりました。
一言でいえば、濃くなったのです。

あの時間にあれをやればよかった、と悔いることがほぼ無い。密度濃く生きていることを、日々実感しています。

何より、毎日が楽しい。あれをやることができた、次はこれをやろう、とワクワクしながら生きています。

こんな素晴らしい時間術を、独り占めするのはもったいない。一人でも多くの人に、その秘訣を教えたい。

僕はそんな思いから、本書を執筆しました。

読者のみなさんにも、ぜひ、竹之内流の時間の使い方をマスターしていただきたいです。

そうすれば、人生が楽しく、濃くなるのです！

また、本書では、時間術と共に、「学ぶ」ことの大切さも強調したつもりです。

時間をかけて学ぶことで、人は能力を身につけます。能力が身につけば、自然と人脈もでき、お金も入り、やりたいことがやれるようになっていきます。

全ての原点に位置するのが時間であり、学びなのです。

そこで最後に、僕が実践しているユダヤ式沖縄合宿について述べたいと思います。「学び」の中でも、一番重要なことを教えているからです。

沖縄合宿は2泊3日のスケジュールで実施しています。ここで学ぶのは、主として次の4つです。

①コミュニケーション能力
②問題解決能力
③リーダーシップ能力
④お金を得るためのプレゼンテーション能力

僕は色んな成功者に話を聞いてきましたが、みなさん共通して持っておられる能力が、この4つです。

「成功するのに必要な能力トップ10は？」とチャットGPTに質問しても、この4つは上位にきます。

しかし、この4つの能力は、本や動画では学べません。独学ではダメなのです。実際に人と向き合って、対面で学ばないと身につかないのです。

沖縄合宿では、この①から④までの能力を、実践的に学びます。特に、コミュニケーション能力を学びます。

コミュニケーション能力。それは、一番大事な能力です。

会社における人間関係も、顧客や取引先との関係も、家庭における夫婦関係も、全ては
コミュニケーション能力から始まります。人間社会とは、人と人とのコミュニケーション
で成り立っているのです。だからもう、絶対習って損は無い能力です。

次いで重要なのが、問題解決能力です。そしてリーダーシップ能力、お金を得るための
プレゼンテーション能力と続きます。

この4つは、真っ先に身につけるべき能力です。若ければ若いほどいい。早い段階で身
につけていれば、その分長く能力を使えるし、可能性も広がります。

しかも、コミュニケーション能力なんかは、間違いなく子供にも伝わります。親がコ
ミュニケーション下手だったら、子供も下手になる可能性が高いです。上司と部下の関係
においても、また同様です。

コミュニケーション能力は、周囲に影響してくるのです。

だから僕は、「借金してでも沖縄合宿に来なさい。そして、コミュニケーション能力を

体得しなさい」と言っています。

参加費は55万円。一見、高いと思われがちです。でも、運転免許や大学の学費も、何十万円とかかります。一生モノの能力が身につけば、安いものだと思います。実際、価格の何倍もの、いや何十倍ものリターンがきます。

時間とお金を投資するなら、いつでも、どこでも、どんなことにも使える能力がよいのです。その最たるものこそ、コミュニケーション能力です。

いったんこれを身につければ、自分の財産になるばかりか、人に教えることもできます。現に僕自身、合宿の場で教えているわけです。

家族、同僚、部下……周囲にコミュニケーション能力を教えることで、家庭や会社の雰囲気が一変します。みんなが楽しく幸せになります。なおかつ、ビジネスにもプラスになる。

合宿に参加した人たちが、どれだけ人生を好転させたか、少し紹介しましょう。

合宿でコミュニケーション能力、プレゼン能力を飛躍的に伸ばし、その直後の営業で、８０００万円のスポンサー契約を立て続けに2件とった参加者。

経営するネイルサロンがガラガラで、予約取り放題だったのに、合宿でいろいろ学んだら、リピート率が90％以上へ急上昇。予約が２か月先まで埋まり出した参加者。

合宿で営業能力を獲得したおかげで、それまで一か月かかっていたノルマを６日で達成した参加者。

……とまあ、きりがないわけですが、とにかくユダヤ実践合宿に参加すれば、他では身につかない能力が体得できます。そしてその能力とは、コミュニケーション能力、問題解決能力、リーダーシップ能力、プレゼンテーション能力という、人間社会で最も重要で、最も有益な能力です。

さらに合宿では、僕・竹之内教博の考え方、人生観、幸福観といったものも伝えます。よそでは10年、20年かかっても得られない知識やスキルを、３日間で集中的に身につける。

それがユダヤ実践合宿です。

読者のみなさんが参加される日を、楽しみにお待ちしております。

最後になりますが、僕をいつも支えてくれている、家族や社員に感謝いたします。みんなの協力が無ければ、本書を編み出すこともできませんでした。

本当にありがとう！

2024年8月

竹之内　教博

2大特典！

『竹内流時間の使い方』購入者限定特典！

セールス能力を劇的にUPさせる
ズームセミナーのアーカイブプレゼント。

《特典の受け取り方法》

①『 ユダヤ式成幸の教え』『竹之内社長コミュニティ』公式LINEを2つ追加。

② 2つの公式LINEのトーク画面に『**TS1**』を送信。

③ 担当者が確認次第24時間以内にアーカイブをプレゼント。

◎セミナー内容

1. 商品が売れやすくなる自己紹介の仕方
2. 確実に買う確率を上げる顧客の悩みへのアプローチ方法
3. 顧客が買うのをためらう4つの不安
4. 竹之内自らの販売手法の実演

竹之内教博

読者のみなさんへ

LINE友達限定の特別な情報をお届け！

学びになる配信や、イベントの先行配信など、
最速でお得情報をお届けします。

《お友達追加特典》

① 有料級動画の配信

② 無料ZOOMセミナーの開催

③ 無料相談
(Googleフォームに寄せられた皆さんからの相談に動画で回答します）※ランダム

④ 竹之内社長との食事券（竹之内の奢り）
大阪、東京、福岡、沖縄、北海道、名古屋のいずれかに竹之内社長が行きます。

※当選された方とはトーク画面で、日程と場所のご相談をさせていただきます
※抽選は毎月月末に行います！ 当選結果は当選者のみにご連絡いたします

あなたの日常がもっと豊かで輝きのある毎日になります！
ぜひ追加してください!!

お友達追加で
①、②の特典がもらえる！
ユダヤ式成幸の教え
公式LINE

お友達追加で
③、④の特典がもらえる！
竹之内公式
コミュニティLINE

竹之内 教博　たけのうち ゆきひろ

1977年生まれ。大阪府出身。

株式会社T'sインベストメント会長。美容師を経て「りらくる」を創業。7年で直営600店舗まで拡大し、270億円で売却。コンサルティング実績500社以上を誇り、90％以上の企業の売上をUPさせるカリスマ経営者としても知られている。さらに、登録者数120万人を超えるYouTubeチャンネル「令和の虎」に出演し、自身のYouTubeチャンネル登録者数も29万人を超えるビジネス系YouTuberとしても活動。韓国では食パン専門店40店舗、セルフ脱毛25店舗、その他飲食事業、アプリ開発事業、キャバクラ、ECサイト、マツエクサロン、レンタルスペースなど、20以上の事業を手掛けている。また、これらの事業の複数を売却・買収し、さらなる拡大を続けている。現在は、ユダヤの教育業にも力を入れている。

著書に『無名の男がたった7年で270億円手に入れた物語』『いつか起業する君に伝えたい大切な話成功マインド』（共に扶桑社）『竹之内の失敗』（フローラル出版）などがあり、多くの読者の心を掴んでいる。

進行：久保木侑里　三浦一郎
編集協力：栗原直樹
協力：㈱T'sインベストメント　澤衹結花

竹之内流時間の使い方
能力は時間の使い方によって磨かれる

二〇二四年九月十二日　第一刷発行

著　者　竹之内 教博
編集人 発行人　阿蘇品 蔵
発行所　株式会社青志社
〒一〇七-〇〇五二 東京都港区赤坂5-5-9 赤坂スバルビル6階
（編集・営業）Tel：〇三-五五七四-八五一一 Fax：〇三-五五七四-八五一二
http://www.seishisha.co.jp/
印刷・製本　株式会社太洋社

ISBN 978-4-86590-177-1 C0095